Stephen Levine

W0351672

SCHRITTE ZUM ERWACHEN

Originalausgabe
Titel: A gradual awakening
Copyright: Stephen Levine, 1979 / 1989
ISBN: 0-385-26218-3
Veröffentlicht mit Genehmigung von
Doubleday / Anchor Books, USA

Deutsche Ausgabe
2. Auflage 2002

© Copyright: J. Kamphausen Verlag & Distribution GmbH, Bielefeld
info@j-kamphausen.de / www.weltinnenraum.de

Übersetzung: Matthias Wendt, Berlin

Die Deutsche Bibliothek – CIP Einheitsaufnahme
Levine, Stephen:
Schritte zum Erwachen / Stephen Levine. [Übers.: Matthias Wendt]. – 2. Aufl. – Bielefeld : J. Kamphausen Verl., 2002
ISBN 3-933496-17-9

Bearbeitung: Hans-Jürgen Zander
Satz: Werner Lange, Oldenburg
Herstellung: Westermann Druck Zwickau

Alle Rechte der Verbreitung, auch durch Funk, Fernsehen und sonstige Kommunikationsmittel, fotomechanische oder vertonte Wiedergabe sowie des auszugsweisen Nachdrucks, vorbehalten.

STEPHEN LEVINE

SCHRITTE ZUM ERWACHEN

Meditation der Achtsamkeit

Inhalt

Anerkennung

All jenen, die dieses Buch inspiriert und an ihm mitgewirkt haben, möchte ich im folgenden meinen Dank aussprechen:

Ram Dass, der den ersten Impuls zu seiner Entstehung gab und sich von ganzem Herzen für diese Lehren einsetzte;

Jack Kornfield, der dieser Übertragung mit klarem Blick und reinem Herzen zur Reife verhalf;

Al Strickland, dessen unermüdliche Arbeit der Transkription von Tonbandaufnahmen sowie der Aufzeichnung und Ausarbeitung des Manuskriptes die Realisierung dieses Buches ermöglichte;

Karen Dega, deren scharfsichtige und liebevolle Kritik zur inhaltlichen Verdichtung des Textes beitrug;

Nancy Klebanova, deren Weitherzigkeit und Freundschaft die letzten Stadien der Fertigstellung hilfreich begleitete;

und in ganz besonderer Weise der Santa Cruz-Sangha, deren Reinheit nach diesen Lehren rief.

Vorwort

Wenn mein Guru mir schmeicheln wollte, bezeichnete er mich als simpel, und wenn er mich tadeln wollte, nannte er mich klug. Dieses Buch über Vipassana-Meditation ist simpel und einfach - es ist klar und wohltuend spontan. Es ist einfach so, wie die Dinge sind. Diese Einfachheit überrascht mich, wenn ich daran denke, daß sich dieses Buch mit profunden Themen beschäftigt, denen ich beim Studium uralter Wälzer buddhistischer Lehren oftmals vergeblich nachgesonnen habe. In meinem Herzen war mir freilich klar, daß diese Materie im Grunde ganz einfach ist, und so freut es mich umso mehr, sie hier in dieser Weise dargelegt zu sehen.

Neben jener Einfachheit birgt dieses Buch noch einen weiteren Schatz. Es befaßt sich mit sozialer Verantwortung. Dieser Punkt ist stets ein Thema des Dialogs zwischen den Mahayana- und den Theravada-Buddhisten gewesen. Stellt man seine persönliche Befreiung zurück, um allen fühlenden Wesen aus ihrem Leid herauszuhelfen, oder setzt man alles auf eine Karte?

Mag diese Debatte auch eine Vielzahl erhabener philosophischer Punkte berühren, für die meisten von uns hat sie doch eher einen theoretischen Charakter. Unser Problem liegt weniger in der Zurückstellung unserer Befreiung - vielmehr ringen wir jeden Tag unermüdlich darum, uns aus dem gewaltigen, klebrigen karmischen Netz herauszuwinden, in das wir uns verstrickt haben. So stellt sich uns die Frage sozialer Verantwortlichkeit eigentlich jeden Tag, wenn es darum geht, passiv zu bleiben oder zu helfen, sich zurückzuziehen oder den Kampf aufzunehmen.

Immer wieder werde ich gefragt, wie ich es rechtfertigen könne, einfach nur meditierend dazusitzen, während mich eine Welt voller Leid umgibt. Die intellektuelle Antwort darauf lautet, daß die Wurzel des Leides in der Unwissenheit liegt und Meditation die optimale Möglichkeit darstellt, die Fesseln der Unwissenheit zu durchtrennen. Doch angesichts eines hungernden Kindes, der Schmerzen schwerer Krankheit, der Begegnung mit ungezügelter Gewalt oder der Angst vor dem Sterben erscheinen solche Rechtfertigungen manchmal enttäuschend abstrakt und belanglos.

Stephen Levine behandelt Meditation und soziale Verantwortlichkeit keineswegs in abstrakter oder belangloser Weise, denn beide sind für ihn praktische Inhalte unseres täglichen Daseins. Diese Haltung erwuchs ihm aus seinem eigenen Leben, das stets von konsequentem sozialem Bewußtsein zeugte.

Ich begegnete Stephen erstmals zu Anfang der Haight-Ashbury-Zeit, als er Herausgeber des *San Francisco Oracle* war - einer der ersten Stimmen jener in den sechziger Jahren erwachenden Bewußtheit. Später lernte ich ihn als Poeten kennen, als einen erklärten Freund und Fürsprecher der Menschen in den Todeszellen San Quentins, als erfolgreichen Herausgeber und Verleger, als Vater zweier prachtvoller Kinder und in jüngster Zeit als Begleiter und Führer für jene, die im Herannahen des Todes die Möglichkeit zum Erwachen erkennen. In all diesen Jahren hat er seine meditative Praxis fortwährend vertieft und die daraus erwachsende geistige Klarheit in sein soziales Engagement einfließen lassen.

So liegt hier ein weiteres Juwel vor uns, das ich dem Leser nur wärmstens ans Herz legen kann. Es ist das Gewebe der Sphären von Herz und Geist. Nur zu oft haben spirituelle Praktiken einen falschen Zwiespalt zwischen den Pfaden des Herzens und denen des Geistes hervorgerufen. Diese Verwirrung ist größtenteils darauf zurückzuführen, daß der Raum des Herzens mit reiner Emotionalität assoziiert wird, während man dem rationalen Geist eine geradezu antiseptische Nüchternheit zumißt. Natürlich ist eine solche Polarisation naiv, doch wir erliegen ihr nicht selten. Um so erfrischender ist es, wenn wir sowohl in der Metta-Meditation als auch in der folgenden Besprechung einer sensiblen Integration von Herz und Geist begegnen, die beide gleichermaßen mit Herzenswärme und glasklarer Weiträumigkeit umgibt.

Der Buddhismus wird oft als Weg der Mitte bezeichnet. Manche Bücher über Meditation richten sich an den Anfänger, für den die Meditation ein völlig unbeschriebenes Blatt ist; andere sind für den fortgeschrittenen Praktiker geschrieben. *Schritte zum Erwachen* wird für diejenigen von großem Nutzen sein, die sich auf den mittleren Stufen des Weges der Mitte befinden - also für Leser, die sich der inneren Reise bewußt geworden sind und auf den Weg gemacht haben. Ihnen allen wünsche ich auf dieser Reise Glück.

Mögen alle Wesen Befreiung erlangen.

Ram Dass

Einführung

Es war vor zwanzig Jahren, als ich überaus verwirrt vor einer Buddha-Figur aus dem Warenhaus saß und der Frage nachsann, wie ich wohl die Meditation erlernen könne. Ich war auf einige alte Übersetzungen buddhistischer Texte und die ersten ermutigenden Arbeiten von D.T. Suzuki und Alan Watts gestoßen, ohne aber eine konkrete Methode zur direkten Erfahrung dieser Wahrheiten zu entdecken. Oft überkam mich das frustrierende Gefühl, den Reisebericht über ein einzigartiges Land zu lesen, das ich gerne besucht hätte, für das es jedoch keinerlei Straßenkarten gab.

Einige Jahre später begegnete ich dann Rudi, meinem ersten Lehrer, den ich monatelang zweimal in der Woche in seinem New Yorker Geschäft für orientalische Kunst besuchte. Wir saßen am Schreibtisch des Hinterzimmers oder auf Klappstühlen vor seinem Laden in der Seventh Avenue, und er erklärte mir, welche verschiedenen Geisteszustände sich im Gesichtsausdruck der vorübergehenden Passanten widerspiegelten. Wiederholt forderte er mich dazu auf, meinen denkenden Verstand loszulassen. Doch ich erging mich in Analysen und durchsiebte alles, was er sagte. Ich suchte nach einem „Sinn" statt nach Freiheit. Der Buddha in uns beiden blieb mir verborgen.

Ich fühlte mich weiterhin zum Theravada-Buddhismus (dem „Weg der Älteren") und zum Zen-Buddhismus hingezogen, und in Ermangelung eines Lehrers oder desgleichen war ich allein auf die intuitive Methode der Selbsterforschung angewiesen. Zwar erwarb ich nach und nach eine bestimmte Denkweise, aber tiefgreifende oder brauchbare Erkenntnisse stellten sich nicht ein.

In der Mitte der sechziger Jahre kehrte dann ein Freund von seinen Studien in Burma zurück und brachte ein kleines Buch mit, das Instruktionen für *vipassana* enthielt, die Achtsamkeits- oder Erkenntnismethode buddhistischer Meditation. Er erzählte, daß sich unter all den Lehren, die er in seinen vier Jahren als buddhistischer Mönch empfangen hatte, diese einfache Meditation als die zweckmäßigste erwiesen habe. Diese von dem hochgeachteten burmesischen Meditationsmeister Mahasi Sayadaw stammende Lehre regte mich augenblicklich zu vertiefter innerer Arbeit und Erkenntnis an.

So beschäftigte ich mich mit der in jenem Buch beschriebenen Methode und gewöhnte mich während der folgenden Jahre an eine relativ unregelmäßige Übungspraxis. Schließlich traf ich einen jungen Theravada-Mönch, von dem ich weitere umfassende Instruktionen und Anleitungen erhielt. Indem er mir half, meiner Konditionierung bewußt zu werden und mich mit den dunklen Punkten zu konfrontieren, die meinen Enthusiasmus und meine Disziplin in der Zeit ohne Lehrer des öfteren gebremst hatten, leitete er mich zu einer regelmäßigen Praxis an.

Nach einigen Jahren der Arbeit mit diesem jungen Mönch begegnete ich Jack Kornfield und Joseph Goldstein, zwei kompetenten Lehrern der Einsichts-Meditation, mit denen ich meine Praxis fortsetzte. Sie waren es auch, die mich vor drei Jahren erstmals dazu ermutigten, andere zu unterrichten.

1976 begann ich im Gefängnis von Soledad zu lehren, und hin und wieder war es möglich, diese Meetings auf Tonband festzuhalten. Einige dieser Transkriptionen bilden die Grundlage für Kapitel dieses Buches. Während dieser Zeit lud mich Ram Dass ein, auf seinen Retreats Achtsamkeits-Meditation zu unterrichten, und wenig später verfaßten wir gemeinsam das Buch *Schrot für die Mühle.* Gleichzeitig zog die Hanuman Tape Library, die Ram Dass' Tonbandcassetten vertrieb, nach Santa Cruz um, und so lag es nahe, dort wöchentliche Kurse abzuhalten. Das meiste Material für dieses Buch stammt aus Niederschriften dieser Meetings. In dieser segensreichen Zeit begann auch meine Lehrtätigkeit auf den Workshops von Elisabeth Kübler-Ross, denen das Material für weitere Kapitel entnommen ist.

Die Aussagen dieses Buches sollen nicht als absolute Wahrheit gelten, sondern vielmehr Ausdruck eines nach außen übermittelten Lernprozesses sein. Ich widme es jenem verwirrten Burschen, der vor zwanzig Jahren in seinem kleinen Landhaus in Florida hockte, soeben das College überstanden hatte und sich den Kopf über den Weg in die Freiheit zerbrach.

Stephen Levine
Santa Cruz, Kalifornien 1978

Als ich vor zehn Jahren diese inzwischen etwas „angestaubte" Einführung schrieb, ahnte ich noch nicht, auf welch große Resonanz die von meiner Frau Ondrea und mir praktizierte Arbeit bei so vielen Menschen stoßen würde. Meine Publikationen waren bislang nur in geringen Auflagen bei kleinen, engagierten Verlagen der Westküste erschienen, und so war ich regelrecht überrascht, als sich ein Unternehmen von der Größe Doubledays für die Herausgabe und den überregionalen Vertrieb eines Buches mit Meditations-Anweisungen interessierte.

Dies war, wie sich zeigte, dem Weitblick von Loretta A. Barrett zu verdanken, die uns voller Vertrauen in unsere Arbeit während der letzten zehn Jahre als Verlegerin von vier Publikationen begleitete, das erste Buch durch die Gremien „boxte" und schließlich in Druck gehen ließ. *Schritte zum Erwachen* ist - völlig unerwartet - seither in mehr als einem Dutzend Auflagen erschienen und wurde (neben *Wer stirbt? - Wege durch den Tod*) zu einem fundamentalen Lehrbuch in Meditationszentren, Krankenhäusern, Hospizen, Gesundheitsprojekten, Heil-Gruppen sowie Krebs- und Aids-Initiativen im ganzen Land. Auch im schulischen Bereich findet das Buch Verwendung, wobei das Spektrum von ländlichen Oberschulen bis zur medizinischen Fakultät Harvards reicht. Aus diesem stetigen Widerhall auf unsere Arbeit haben Ondrea und ich weitere Zuversicht geschöpft. Und er erinnert uns an die Worte eines unserer großen Lehrer, des indischen Heiligen Neem Karoli Baba: „Wenn Du für Gott arbeitest, läuft die Arbeit ganz von selbst."

Stephen Levine
1989

Gewahrsein

Meditation ist für viele Menschen ein unvertrauter Begriff mit einer eher vagen Bedeutung, und es erscheint ihnen kaum vorstellbar, sich darauf einzulassen. Doch wir können Meditation auch ganz einfach Gewahrsein nennen. Meditation *ist* Gewahrsein.

Die Gründe, die jemanden zur Meditation veranlassen, können recht unterschiedlich sein. Bei vielen Menschen ist es die von Eigenschaften eines bestimmten Meisters oder Lehrers ausgehende Faszination oder die Sehnsucht nach der Erfahrung Gottes, die sie an die Meditation heranführt. Anderen geht es darum, den menschlichen Geist zu begreifen. Manche wissen anfangs nicht einmal um ihre eigentliche Bedeutung, verspüren jedoch ein tiefes Bedürfnis, sich von einer inneren Trauer, einem Schmerz, einem lebenslangen Gefühl der Unvollkommenheit zu befreien.

Hier steht eine einfache buddhistische Übung der Achtsamkeit zur Verfügung, die zur Ganzheit, zu natürlicher Vollkommenheit führt. Die Grundlage dieser Übung ist eine unmittelbare Teilhabe an jedem einzelnen Augenblick der Gegenwart, in die alles verfügbare Gewahrsein und Verständnis einfließt.

Wir alle haben bis zu einem bestimmten Grad Konzentrationsfähigkeit und Bewußtheit entwickelt. Allein schon das Lesen dieses Buches oder die Gestaltung unseres komplizierten Lebens erfordern Gewahrsein und Konzentration. Diese geistigen Qualitäten sind in jedem von uns präsent.

Die Meditation verstärkt diese Eigenschaften durch systematisch, sanft und konsequent angewandte Techniken. Um Konzentration zu entwickeln, wählen wir ein einziges Objekt des Gewahrseins und erinnern den Geist daran, immer wieder zu diesem primären Objekt zurückzukehren und bei ihm zu verweilen. Zwischen verschiedenen Meditationsformen - wie z.B. der TM, dem Sufitanz, der Konfrontation mit Zen-Koans, der Sitz-Meditation, dem christlichen Gebet, dem Chanten von Mantras, dem Lauschen auf den inneren Klang, der Licht-Meditation, der Beobachtung körperlicher Empfindungen, der Visualisationstechnik oder der Wahrnehmung des Atems - bestehen hinsichtlich des primären Objektes, mit dessen Hilfe die Konzentration vertieft wird, grundlegende Unterschiede. Wir entscheiden uns für ein solches Objekt und arbeiten mit ihm, mag es sich nun um ein Produkt der begrifflichen Sphäre (wie eine verbale Wiederholung oder das Leitbild liebevoller Güte) handeln oder um etwas immer Gegenwärtiges, wie die im Körper entstehenden Empfindungen.

Ein wirksames Mittel zur Vertiefung der Konzentration ist das achtsame Atmen. Der Atem ist ein ausgezeichnetes Objekt, denn er ist ein konstanter Bestandteil unserer Erfahrung. Zudem wird das Gewahrsein durch die Anpassung an seine Schwankungen zu einer fortschreitenden Verfeinerung veranlaßt. Das Gewahrsein beobachtet die Empfindungen, die das natürliche Kommen und Gehen des Atems mit sich bringt. Es durchdringt die subtilen Wahrnehmungen, die jeden Atemzug begleiten. Wenn wir die Aufmerksamkeit auf diese Empfindungsebene richten, verstricken wir uns nicht mehr so intensiv auf der verbalen Ebene, die vom Chor der Gedanken beherrscht wird und uns gewöhnlich in einen „inneren Dialog“ hineinzieht.

Der innere Dialog beschäftigt sich fortwährend mit Kommentaren, Bewertungen und Plänen. Er enthält eine Menge auf uns selbst gerichtete Gedanken, eine Menge Selbst-Bewußtsein. Er verdeckt das Licht unserer natürlichen Weisheit und hindert uns daran, zu erkennen, wer wir eigentlich sind. Er macht eine Menge Lärm und fesselt unsere Aufmerksamkeit an ein Bruchstück der uns umgebenden Wirklichkeit. Wird das Gewahrsein jedoch exakt auf das Kommen und Gehen des Atems fokussiert, treten alle anderen Aspekte des geistig-körperlichen Prozesses im Augenblick ihres Erscheinens automatisch und glasklar in den Brennpunkt.

Die Meditation erweitert kraft unmittelbarer Erfahrung den Kontakt zu unserer inneren Wirklichkeit.

Wenn wir beispielsweise den Geist wie einen Film betrachten, der auf eine Leinwand projiziert wird, kann er sich mit zunehmender Konzentration gewissermaßen bis zur Zeitlupe verlangsamen und uns mehr und mehr Einzelheiten des Geschehens zeigen. Dies wiederum vertieft unser Gewahrsein und macht es uns ferner möglich, fast schon jedes Einzelbild zu betrachten und zu entdecken, wie ein Gedanke unmerklich in den nächsten übergeht. Wir durchschauen, daß Gedanken, die wir mit „ich" und „mein" verbanden, nichts weiter als die Abwicklung eines Prozesses sind. Diese Perspektive hilft uns dabei, unsere starke Identifikation mit der scheinbar festgefügten Realität des geistigen Spielfilms zu durchbrechen. Wenn uns das Melodram nicht mehr so sehr in seinen Bann zieht, sehen wir es an uns vorüberfließen und können seiner Bilderkette einfach zuschauen. Nicht einmal der Ablauf bewertender Kommentare oder ein Augenblick nervöser Ungeduld kann uns in die Handlung hineinziehen.

Wenn wir das Geschehen jedes einzelnen Augenblicks einfach nur verfolgen und ohne Bewertungen oder Affekte beobachten, verlieren wir uns nicht in dem Gedanken „dieser Moment ist mir lieber als jener, und dieser angenehme Gedanke ist mir willkommener als der Schmerz in meinem Knie". Was wir auf dem Feld des Gewahrseins erleben, sobald wir jene absichtslose Bewußtheit zu entwickeln beginnen, ist bemerkenswert: Wir werden der Wurzeln gewahr, aus denen die Gedanken hervorgehen. Wir durchschauen die Intention, aus der sich eine Handlung entfaltet. Wir beobachten den natürlichen Prozeß des Geistes und entdecken, daß vieles von dem, was wir liebevoll als unser „Ich" behüten, im Grunde aus dem Ablauf unpersönlicher Phänomene besteht.

Wir erkennen, daß es wahrhaftig nicht notwendig ist, irgendjemandem irgendwelche Fragen zu stellen. Wir müssen nicht außerhalb unser selbst nach der Antwort suchen. Indem wir den Fluß ergründen, wird der Fluß selbst zur Antwort. Das Stellen der Frage selbst birgt die Antwort. Wenn wir fragen: „Wer bin ich?" dann finden wir den, der wir sind, in den Prozessen, aus denen diese Frage entspringt.

Wenn das Gewahrsein in noch größere Tiefen vorstößt, dann wird uns klar, daß wir den denkenden Geist mit einer absoluten Realität ausgestattet haben, die er aus sich heraus gar nicht besitzt. Wir hatten übersehen, daß er ein relativer Bestandteil einer weit größeren Wirklichkeit ist. Der Ausstieg aus unserer Abhängigkeit vom Denken macht uns deutlich, daß wir normalerweise nur einen kleinen Ausschnitt der immensen Aktivität des Bewußtseins wahrnehmen - die Verhaftung an das Denken hat den größten Teil blockiert. Der denkende Geist unterscheidet sich erheblich von der absichtslosen Bewußtheit, die allen Dingen Raum zu freier Entfaltung gibt. Denken erschöpft sich in der Auswahl von Gedanken, in der Beschäftigung, im Messen, Planen, in der Produktion einer Realität, anstatt unmittelbar zu erfahren, was von Augenblick zu Augenblick wirklich geschieht.

Wenn wir in das geistige Geschehen eintauchen, bemerken wir, daß selbst der „Beobachter" zu einem Teil des Stromes wird. Das „Wer", welches fragt „Wer beobachtet?" ist nur noch einer jener Gedankenblitze, die an uns vorübereilen. „Niemand" beobachtet, nur das Gewahrsein existiert. Wenn das „Ich" zu einer der im Strom dahinziehenden Beobachtungen wird, begreifen wir, daß zwischen uns und allen anderen Dingen des Universums kein Unterschied besteht. Die wirkliche Natur des Seins wird offenbar, denn es bestehen keine trennenden Grenzen mehr, und nichts kann unsere Ganzheit verdecken. Wir erkennen, daß die Kraft, die einen Gedanken in den nächsten übergehen läßt, auch die Sterne über den Himmel bewegt. Es ist genau dieselbe Energie. Wie der Ozean oder der Wind sind auch wir ein Naturphänomen, das vielfältigen Wandlungen unterworfen ist - ein Produkt der Konditionierung.

Wir erkennen, daß die Natur des Bewußtseins auf ähnliche Weise wirkt wie die Hand Gottes, die sich auf dem berühmten Fresko in der Sixtinischen Kapelle ausstreckt, um einem Wesen Leben zu schenken - einem Wesen, das bereit ist, den Lebensfunken zu empfangen. Wir empfangen diesen Lebensfunken in jedem einzelnen Augenblick. Dieser Funke ist das Bewußtsein, die Kraft des Wissens, die Wahrnehmung dessen, was aus dem Kontakt von Gewahrsein und dessen Objekt entsteht; aus dem Sehen und dem gesehenen Baum, aus dem Hören und der gehörten Musik, aus dem Tastsinn und der gefühlten Erde, aus dem Geschmackssinn und dem geschmeckten Wasser, aus dem Geruchssinn und der gerochenen Blume, aus dem Denken und der vorgestellten Idee. Von Augenblick zu Augenblick entsteht das Bewußtsein in der Verbindung mit den Objekten der Sinne aufs neue, einschließlich der geistigen Sinne der Vorstellung und Erinnerung. Hier entspringt und verebbt alles aus unserer Lebenserfahrung stammende Wissen. Der Eintritt der Achtsamkeit in diesen Prozeß bedeutet, in jedem einzelnen Augenblick den Ursprung, die unablässige Schöpfung des Alls zu entdecken.

Interessanterweise ist es gerade dieser Schöpfungsakt, der dem größten Mißverständnis unseres Lebens zugrunde liegt. Genauer gesagt ist es unsere Gleichsetzung dieses ständig fortschreitenden Prozesses mit einem „Ich“, die das Problem hervorruft. Es ist die falsche Sicht auf jene natürliche Entfaltung, worauf unsere schläfrige Blindheit und Illusion größtenteils gründen. Bewußtsein resultiert automatisch aus dem Kontakt zwischen dem Gewahrsein und dessen Objekt. Dieses „Wissen“ ist das Ergebnis eines natürlichen Prozesses, der sich von selbst und völlig unabhängig von einem „Wissenden“ oder irgendeinem hinzugefügten „Ich“ vollzieht, welches sich für diesen essentiell nicht-persönlichen Prozeß verantwortlich wähnt. Dieses eingeflochtene „Ich“ hindert uns daran, an der direkten Erfahrung dieses Flusses, an der direkten Erfahrung der universalen Natur unseres Seins teilzuhaben.

Aurobindo sagte: „Ganz und gar sein heißt, alles zu sein.“ Erfahrungen kommen und gehen. Wenn wir uns mit ihnen identifizieren, wenn wir sie im Zuge unserer Bewertungen und Verhaftungen als „mein“ eigen beanspruchen, wenn wir uns an irgendeinem Aspekt des unaufhaltsamen Stromes verklammern, dann bleibt uns verborgen, daß dieses sogenannte „Ich“ fortwährend geboren wird und stirbt. Wir erkennen nicht, daß es aus einem Prozeß besteht, bei dem Gewahrsein und Objekt ungezählte Male in der Minute ins Dasein treten und wieder vergehen.

Sobald das Gewahrsein tiefer in den Strom eindringt, erfahren wir, daß unsere natürliche Beschaffenheit, unser natürlicher Wesenszustand, den manche den Geist der Weisheit oder die Buddha-Natur nennen, der ewig leuchtenden Sonne gleicht - immer gegenwärtig, doch zuweilen verschleiert. Es sind die Wolken des Denkens, des Verlangens und der Furcht, die uns von unserem ureigenen Licht trennen. Es ist der trübe Schleier des konditionierten Geistes, der Wirbelsturm namens „Ich bin“.

Die Kraft der Weisheit

Wenn man Gesprächen über Meditation zuhört, dann ist oftmals von Weisheit, von Wissen die Rede. Was aber bewirken Weisheit oder Wissen denn eigentlich, was ist ihr Nutzen?

Verständnis. Wenn Du den menschlichen Geist verstehst, bist Du ihm nicht blind ausgeliefert. Verstehst Du ihn nicht, verirrst Du Dich in ihm. Wir können zum einen unter der Knechtschaft der Gedanken leben oder aber durch sie Befreiung erlangen. Zwischen Wissen und Weisheit besteht ein Unterschied. Wir erleben einen Augenblick der Einsicht und sagen: „Aha, so ist das also!" Dann denken wir: „Nun ja, wie kam das aber zustande?" und versuchen vielleicht später, es anderen zu erklären. Die Erfahrung der Einsicht ist Weisheit, der Versuch indes, dieser Einsicht habhaft zu werden, sie durch Worte zu vermitteln, ist Wissen.

Wir alle tragen Wissen in uns. Wir können anderen eine Menge grandioser Vorstellungen übermitteln. Wenn diesem „Wissen" jedoch keine Weisheit zugrunde liegt, dann ist es Wissen aus zweiter Hand, von außen stammendes Verständnis, und es mangelt ihm an Tiefe. Deshalb ist es möglich, daß zwei Menschen eine Idee mit den gleichen Worten vermitteln und der eine unser Herz tief berührt, während die Worte des anderen nur in unserem Kopf umhertanzen. Die Kraft der Erfahrung, die hinter den Worten steht, das Sein hinter dem Wissen, ist die Weisheit, die wirkliche Übermittlung.

Beispielsweise mag in einem Buch stehen, daß alle Wesen eins sind. Wir denken: „Ja natürlich, das leuchtet durchaus ein: Wir alle besitzen einen Körper, haben einen Geist, haben Gefühle, nehmen Nahrung auf, brauchen Luft zum Atmen und leben auf diesem Planeten. Ich verstehe, was damit gemeint ist." In einem Augenblick tiefer Bewußtheit erleben wir dann später, daß uns von allem anderen überhaupt nichts trennt - ja, dieses „Andere", von dem wir getrennt sein könnten, existiert noch nicht einmal. Und wir denken: „Wow, wir sind *wirklich* alle eins!" Sobald wir diese Erfahrung aber jemandem mitteilen wollen, hören wir uns schon fast mißmutig sagen: „Wir sind alle eins." Wir gebrauchen die gleichen Worte, die wir zuvor gelesen haben, doch sie sind unzureichend, denn ihre Bedeutung hat sich drastisch gewandelt. Wir können es nicht mitteilen, wir können es nur erfahren.

Es ist nicht der Zweck dieses Buches, Wissen zu teilen, sondern zu zeigen, daß in uns allen Weisheit vorhanden ist, daß die Arbeit der Ausbalancierung des Geistes, die ihn für das Licht dieser Weisheit klärt, eine Arbeit ist, die jeder für sich selbst und an sich selbst verrichten muß. Was mich betrifft, so ist das Schreiben dieses Buches Teil der Praxis, und ich muß mich meiner eigenen Redlichkeit vergewissern. Sobald sich unser Mund öffnet, versinken wir nur allzu leicht in Schlaf. Es ist der Punkt, an dem wir in Nachlässigkeit verfallen: Wir schützen den, der wir zu sein glauben - wir schützen unsere Spiele und Meinungen, die das Erwachen einer tieferen Einsicht blockieren.

Ein Aspekt der Kraft der Weisheit ist ihre Fähigkeit, die Dinge zu entschleiern, die wir für wirklich hielten. Immer wenn wir etwas Neues lernen, geben wir eine frühere Meinung auf, ändern wir die Ansicht. Weisheit jedoch ist Stille. Sie ist ein inneres Licht, das uns erkennen läßt, was Ansichten eigentlich sind - nicht wie sich diese von jener unterscheidet, sondern was eine Ansicht substantiell ausmacht. Ansichten zu haben bedeutet, an gedanklichen Vorstellungen zu haften. Wenn wir uns dem Geist der Weisheit öffnen, erkennen wir die Natur der Dinge und sagen: „Nun, seht einmal, wie sich alles wandelt."

In der Tat, wenn wir eine Wahrheit finden müßten, der alle ohne Umschweife zustimmen könnten, dann wäre es vielleicht die, daß sich alles wandelt. Unsere Ansichten, der menschliche Geist, der Körper, die Welt, unsere Beziehungen - alles wandelt sich fortwährend. So einfach diese Feststellung auch klingt, sie enthält tiefe Weisheit. Und Weisheit ist im allgemeinen ganz einfach, denn sie paßt überall. Die Wahrheit ist hier wahr, und sie ist dort wahr. So ist es auch in der Chemie, der Physik, in der Thermodynamik oder in der Psychologie. Die Formen sind unterschiedlich, aber jeder wohnt dieselbe Wahrheit inne. Beispielsweise manifestiert sich die Wahrheit der Gesetzmäßigkeit des Karma, Ursache und Wirkung, gleichermaßen in Newtons Bewegungsgesetzen, die postulieren, daß jede Kraft eine gleich große Gegenkraft erzeugt, die in entgegengesetzter Richtung wirkt. Weil sich diese Wahrheit auf verschiedenen Erfahrungsebenen unterschiedlich darstellen läßt, mag sie zuweilen paradox erscheinen, doch hier zeigt sich die Problematik des Versuchs, die Weisheit in den Grenzen des Wissens und der Sprache zu formulieren.

Wenn wir zu meditieren beginnen, zeigt es sich sehr klar, daß sich alles von Augenblick zu Augenblick verändert. Wenn wir auch nur fünf Minuten lang stillsitzen und die Aufmerksamkeit auf den Atem zu richten versuchen, stellen wir mehrmals fest: „Ich kann meine Aufmerksamkeit nicht so steuern, wie ich es will. Sie heftet sich an diesen Gedanken und dann an jenen, sie folgt dieser Empfindung, jenem Geruch, jenem Geräusch und so weiter..." Wir bemerken, daß sich ein Objekt nach dem anderen vor das geistige Auge drängt. Wir sehen, daß alles ein Strom ständiger Veränderungen ist, daß alles kommt und geht: Jeder Moment führt in den nächsten hinein.

Diese Einsicht erscheint so simpel, daß wir vielleicht sagen, sie habe mit Weisheit überhaupt nichts zu tun. Doch wenn wir jenen Wandel zutiefst erfahren und wirklich verstehen, daß nichts beständig ist, dann wächst unsere Weisheit. Und als nächstes entdecken wir, daß uns nichts, was wir begehren, dauerhaft befriedigen kann, denn alles ist im Fluß und nichts bleibt für immer bestehen. Was es auch sei - das feinste Essen, der beglückendste Sex, die größte Sinnesfreude - nichts in der Welt kann dauerhafte Befriedigung vermitteln. Alles kommt und geht. Dieser Umstand ist es, der uns mit jener subtilen, hintergründigen Unzufriedenheit erfüllt, die wir die meiste Zeit mit uns herumtragen und auch dann nicht loswerden, wenn wir bekommen haben, was wir wollten - denn tief im Innern wissen wir, daß es nicht so bleiben wird.

Es ist nicht so, daß wir immer die gleichen sind und nur die Welt sich verändert. Wir sind Teil dieser Welt. Der menschliche Geist wandelt sich fortwährend. Deshalb sind wir heute glücklich und morgen wieder unglücklich. Nicht nur außerhalb von uns verändern sich die Dinge. Alles verändert sich, und diese Tatsache zerrt an unseren Vorstellungen, die wir von den Dingen haben. Unsere Konzepte sind festgefügte, imaginäre Gebäude, die keinen Wandel widerspiegeln. Beispielsweise ist unsere Vorstellung von einem Baum solide und statisch, sie reflektiert nicht den wachsenden, sich wandelnden Organismus, der sich von anderen Exemplaren seiner Art subtil unterscheidet, der vom Wetter, von seinem Standort und anderen Bedingungen beeinflußt wird. Wir haben in einer Welt voller Veränderungen starre, unveränderliche Begriffe geschaffen, und dies läßt natürlich Spannungen entstehen und führt zu einem Riß zwischen der Wirklichkeit und unserer Vorstellungswelt. Wir sehen die Wirklichkeit nicht wirklich. Wir sehen nur die Schatten, die sie wirft, und diese Schatten sind unsere Konzepte, Definitionen und Vorstellungen der Welt. Die Verklammerung an diesen Konzepten erzeugt den Wunsch, daß die Welt unseren Vorstellungen entsprechen möge. Die Veränderungen aber konfrontieren unsere Vorstellungen oft mit einer ganz anderen, unerwarteten Realität, und dies kann Zorn und Niedergeschlagenheit in uns hervorrufen. Wir fühlen uns durch unsere eng begrenzte Sichtweise irgendwie von der Wirklichkeit der Dinge isoliert.

Inmitten all dieser Wandlungen bemerken wir interessanterweise, daß wir im allgemeinen nicht das Geschehen selbst erleben, sondern das, was wir darüber *denken*. Wenn wir dasitzen und jemandem zuhören, erleben wir nicht das reine Hören. In einem gewissen Ausmaß erleben wir in uns einen ablaufenden Kommentar über das Gesagte, vielleicht auch Bewertungen, Vergleiche mit ähnlichen Vorstellungen oder eine von der Unterhaltung wachgerufene Kette assoziierter Gedanken. Auf einer bestimmten Ebene geschieht natürlich nichts anderes, als daß Klänge durch die Luft an unser Trommelfell getragen werden, die der Geist mit Hilfe der Wahrnehmungsmechanismen und des Gedächtnisses entschlüsselt.

Uns wird also klar, daß unsere Erfahrung nicht das tatsächliche

Geschehen, sondern vielmehr die Welt der Gedanken umfaßt. Unsere Erfahrung besteht hauptsächlich in einer träumerischen, mentalen Spiegelung. Mehr als das Sehen selbst erfahren wir, was wir über das Gesehene denken; mehr als das Hören erleben wir, was wir über das Gehörte denken.

Als dieses Thema in den Kursen zur Sprache kam, die ich letztes Jahr im Soledad-Gefängnis abhielt, merkte ich an, daß die Männer bei der Wahrnehmung eines Parfüms den Duft für einen Augenblick sicherlich gar nicht wahrnehmen könnten, da die direkte Erfahrung des Riechens erst einmal von einer Lawine assoziierter Gedanken und visueller Vorstellungen überlagert würde.

Wie sehr uns das Reich der Gedanken beschäftigt, zeigt sich auch, wenn wir unsere Beziehung zum Tastsinn betrachten. Wenn wir die Hand ausstrecken, um einen Liebespartner zu berühren, empfinden wir dies als angenehm. Wenn unsere Hand aber mit einem Abfallhaufen in Berührung kommt, überkommt uns eine unangenehme Empfindung. Bei der Berührung einer Mauer mag sich wiederum ein unbestimmtes Gefühl einstellen. Im Grunde geschieht nichts weiter, als daß ein Druck auf die Fingerkuppen ausgeübt wird - alles andere setzt sich aus konzeptionellen Gedankenstrukturen zusammen, die vom Verlangen und der Konditionierung projiziert werden.

Unsere Welt besteht größtenteils aus einem Kreisen des Geistes um sich selbst. Die Kraft der Weisheit läßt uns jedoch zur wirklichen Erfahrung der Dinge erwachen. Sie verbannt unsere schläfrige Blindheit und gibt unserem Leben mehr und mehr Fülle. Unsere Erfahrung der Welt bleibt nicht mehr auf das Reich der Vorstellungen beschränkt, in dem alle Realität zu einem Traum oder gar zum Schattenbild eines Traumes verblaßt.

Verlangen

An der Basis des konditionierten Geistes steht das Verlangen. Dieses Verlangen nimmt viele Formen an. Der Geist verlangt nach Sicherheit. Er verlangt nach Glück. Er will fortbestehen. Er will geliebt werden. Er hat spezielle Wünsche: Objekte des Begehrens, Freundschaften, Speisen, diese oder jene Farbe, diese Art von Umgebung oder eine andere. Es verlangt ihn, keinen Schmerz zu erfahren. Es verlangt ihn nach Erleuchtung. Es verlangt ihn nach einer Welt, die seinen Wünschen entspricht.

Unsere Tagträume sind Phantasien erfüllter Wünsche, unsere Alpträume Vorstellungen enttäuschten Begehrens. Der planende Geist versucht seine Befriedigung sicherzustellen. Das Denken basiert hauptsächlich auf der Befriedigung von Verlangen. Folglich schwelt schon an seiner Wurzel eine Unzufriedenheit mit der gegebenen Sachlage. Verlangen ist der Drang, daß der nächste Moment das enthalten möge, woran es diesem mangelt. Wenn Verlangen den Geist ergreift, erscheint uns dieser Moment unvollkommen. Verlangen sucht woanders. Vollkommenheit existiert genau *hier*.

Wenn wir die Tiefen des geistigen Verlangens ausloten, entdecken wir auch die Tiefen der Unzufriedenheit, denn Verlangen läßt sich niemals wirklich befriedigen: Wenn eines hinter uns liegt, wartet schon das nächste. Solange wir das Verlangen zu befriedigen suchen, geben wir ihm mehr und mehr Macht.

Kurioserweise folgt der Erkenntnis der tiefgründigen Unzufriedenheit des durstigen Geistes bisweilen freudige

Erleichterung. Wenn uns nämlich klar wird, daß kein Objekt des Geistes aus sich heraus zur Befriedigung führt, vermag uns keine Erscheinung mehr zu vereinnahmen. Wir lösen allmählich unseren Griff, denn die Verklammerung lohnt sich einfach nicht mehr. Je besser wir das Spiel des geistigen Verlangens durchschauen, desto klarer begreifen wir, wie sehr es die Gegenwart verschleiert. Die Erkenntnis, daß nichts, woran wir festhalten könnten, zu dauerhafter Befriedigung führt, macht uns bewußt, daß wir nirgendwo hingehen, daß wir nichts haben und nichts sein müssen - und das ist Freiheit.

Als ich der buddhistischen Vorstellung vom Leid zum ersten Mal begegnete, widerstrebte sie mir ganz und gar. Sie erschien mir nur allzu pessimistisch. Ich dachte: „Ach, das sind buddhistische Sachen aus dem fernen Osten, wo viele Kinder schon in den ersten Lebensjahren sterben. Da muß man natürlich glauben, daß die Welt voller Leid ist - überall verhungern die Menschen, und auf den Straßen liegen Tote. Solch ein Leid gibt es bei uns nicht! Ich leide ja schließlich auch nicht, verdammt nochmal!“ Als mir aber das Ausmaß meiner eigenen Verlangen bewußt wurde, erkannte ich, auf welch tiefgreifende und subtile Weise meine persönliche Welt von Unzufriedenheit beherrscht wurde. Diese Einsicht befreite mich von mancher Verklammerung, und ich glaubte nicht mehr, daß all meine Verlangen gestillt werden müßten, daß ich zwanghaft auf alles reagieren müsse, was mir in den Sinn kam. Ich sah ein, daß die Dinge ihren Lauf nehmen können, ohne daß man sich unbedingt nach ihnen richten, sie bewerten oder gar verdrängen muß. Es reicht, sie einfach zu beobachten.

Die Erkenntnis, welchen Einfluß das Verlangen im Geiste ausübt, erschreckte mich. Ich hielt diese Situation für ausweglos und begriff nicht, daß die Kraft, die mir diese Quelle des Leides bewußt gemacht hatte, schon selbst der Ausweg war. Mit der zunehmenden Einsicht in die unbefriedigende Natur vieler Geistesinhalte öffnete sich schrittweise ein Weg zur Freiheit. Wenn das, wonach wir greifen, in Flammen steht, ziehen wir unsere Hand zurück. Nach und nach rekonditioniert sich der Geist und erkennt sein Tun.

Und wir entdecken, daß Verlangen auf mannigfache Weise Unzufriedenheit erzeugen. Manche Dinge mögen beispielsweise völlig außerhalb unserer Reichweite liegen, andere werden uns nur gelegentlich zuteil, und manche können wir nur kurze Zeit genießen. Und es gibt auch Dinge, die wir, sobald wir sie erlangt haben, plötzlich nicht mehr wollen - was zweifellos sehr ärgerlich ist. Manchmal fällt mir dies bei meinen Kindern auf. Sie wünschen sich etwas so sehr, daß wir alle Geschäfte abklappern, bis wir es gefunden haben. Dann haben wir es, und nach einer Stunde sagen sie: „Ach, eigentlich habe ich das gar nicht gewollt - das blaue wäre mir lieber gewesen." Das kann einem wirklich das Herz brechen! Doch so ergeht es uns allen. Wir wollen und wollen und wollen - und nichts kann uns auf Dauer zufriedenstellen, denn nicht nur die begehrten Dinge, sondern auch unsere Wünsche ändern sich. Alles unterliegt ständiger Veränderung.

Können wir uns an irgendeinen Schmerz in unserem Leben erinnern, der nicht von einer Veränderung hervorgerufen wurde? Wenn wir diesen Fluß der Dinge tief ergründen, schrecken wir nicht mehr furchtsam vor den künftigen Möglichkeiten zurück, sondern beginnen, uns den Tatsachen zu öffnen. Wir verlieren uns nicht in fatalistischen Vorstellungen oder nihilistischen Gedanken wie „darauf kommt es ja sowieso nicht an", sondern erkennen, daß es gleichermaßen auf alles ankommt.

Wenn das Verlangen zum Gegenstand der Beobachtung wird, registrieren wir es mit klarer Aufmerksamkeit, die von keiner Bewertung oder Vorliebe gefärbt ist. Es ist reine Aufmerksamkeit ohne jedes Beiwerk - eine Offenheit, welche die Dinge so wahrnimmt, wie sie sind. Uns wird bewußt, daß das Verlangen ein automatischer, konditionierter Drang des menschlichen Geistes ist. Und wir beobachten es, ohne uns selbst um seinetwillen anzuklagen. Wir warten nicht ungeduldig darauf, von ihm loszukommen. Wir registrieren es einfach.

Nur jenes Nicht-Begehren, jene reine Aufmerksamkeit, der die Soheit des Augenblicks genügt, hat die Kraft, unsere zwanghafte Reaktion auf das Verlangen zu dekonditionieren. Sie bringt den machtvollen Sog der Gewöhnung an unbedingte Wunschbefriedigung zum Stillstand. Jeder Moment des Nichtverlangens ist ein Moment der Freiheit. Achtsamkeit läßt dieses Nichtverlangen zu. Wo nur reine Beobachtung, wo nur klare Aufmerksamkeit besteht, da gibt es kein Verlangen. Wenn Du das Verlangen beobachtest, setzt es seine Suche nach dem Objekt der Befriedigung nicht fort. Es wird selbst zum Objekt der Aufmerksamkeit, und der zur Handlung führende Impuls wird absorbiert.

Während wir nach und nach erkennen, was uns befreit und was nicht, lernen wir einzuschätzen, was unsere Verklammerung steigert und weiteres schmerzliches Verlangen schafft - und was unsere Weisheit stärkt und zur Freiheit führt.

Mit der Entwicklung dieser Praxis wächst auch unser Selbstvertrauen. Buddha sagte, daß diese Lehren allen offenstünden. Eigentlich besagen sie: „Komm her und versuche es - jeder kann es erleben." Erfahre es selbst. Wir praktizieren nicht, weil uns der/die Lehrer/in oder die ansprechende Form der Lehre gefällt, weil wir die Leute mögen, die sie ausüben, oder weil wir jemanden bewundern, der erfolgreich mit dieser Methode zu arbeiten scheint. Wenn wir erst einmal selbst gekostet haben, wird uns der Geschmack der Freiheit überzeugen.

Den denkenden Geist entschleiern

Das Gewahrsein weiß, was geschieht, während es geschieht. Die Konzentration ist dazu fähig, dieses Gewahrsein zu lenken und auf einen Punkt zu richten. Diese beiden Faktoren sind in individueller Ausprägung in jedem von uns vorhanden.

Wenn wir beim Lesen eines Buches von Wort zu Wort springen, ist es das Konzentrationsvermögen, mittels dessen wir unsere Aufmerksamkeit über die Seite lenken. Zugleich läßt uns die Kraft des Gewahrseins die gelesenen Worte verstehen. Wir kennen alle das Gefühl, welches beim Fehlen eines dieser mentalen Faktoren eintritt. Sind wir müde, können wir einen Absatz wieder und wieder durchlesen, ohne letztlich ein einziges Wort zu erfassen. Selbst wenn wir ihn laut vorlesen würden, bliebe uns sein Sinn verborgen. Die Konzentration reichte zwar aus, um den Blick über die Seite wandern und den Lesevorgang ablaufen zu lassen, aber es mangelte am Gewahrsein dessen, was vor sich ging. Wenn andererseits das Gewahrsein vorhanden, die Aufmerksamkeit jedoch unzureichend wäre, würden wir das Gelesene zwar bewußt erfassen, aber nach einem oder zwei Sätzen ins Träumen geraten. Wir wären nicht in der Lage, bei unserem Tun zu verweilen.

Balance

Meditation ist die Balance von Gewahrsein, Konzentration und Energie. Wenn einer dieser Faktoren über die anderen dominiert, entsteht Ungleichgewicht. Wenn die Energie überwiegt, schweifen wir in Gedanken ab und werden womöglich nervös. Übertrifft die

Konzentration die vorhandene Energie, gerät der Geist ins Träumen und taucht in die schemenhaften Bilder des Unterbewußtseins ab oder „versinkt" in sich selbst. Bei vollem Gewahrsein und schwacher Konzentration bleibt das Verständnis oberflächlich; das Gewahrsein dringt nicht bis zur Wurzel des geistigen Geschehens vor.

Es ist wie beim Umgang mit einer Lupe: An manche Gegenstände führen wir sie nahe heran und vergrößern ihren Abstand zu unseren Augen, um die Brennweite zu verlängern, und manchmal halten wir das Glas dicht an die Augen und vergrößern den Abstand zum untersuchten Objekt. Die Lupe ist der Fokus des Gewahrseins, und ihre den wechselnden Erfordernissen angepaßten Stellungen entsprechen den schwankenden Faktoren der geistigen Konzentration und Energie. Die Gegebenheiten werden fortwährend ausbalanciert, damit die Beobachtung ohne Anspannung oder Ermüdung erfolgen kann und alle Extreme vermieden werden. So ist es möglich, das Geschehen von Augenblick zu Augenblick mit müheloser, ausgeglichener Bewußtheit zu verfolgen. Es geht nicht um einen starren, erzwungenen Blick oder ein listiges Schielen, sondern um die klarsichtige Beobachtung des ablaufenden Prozesses.

Körperhaltung

Die meisten Menschen sind es gewohnt, im Sitzen zu meditieren. Man legt sich ein *zafu* oder eine gepolsterte Matte unter, die dem Körper eine stabile Haltung und den Knien eine bequeme Ruhelage ermöglicht. Wenn man es nicht gewohnt ist, mag es anfangs schwierig sein, die Knie flach auf den Boden zu legen. Ein Kissen unter dem Hinterteil hilft dabei und ermöglicht vor allem eine gerade, aufrechte Haltung des Rückens, weil es den Rumpf ein wenig anhebt. Ausgefallene Yoga-Positionen bieten keinen besonderen Vorteil. Falls erforderlich, können wir auch aufrecht auf einem Stuhl sitzen, die Hände auf den Schoß legen und die Füße nebeneinander auf dem Boden ruhen lassen.

Wenn wir mit der Meditation beginnen, ist es ratsam, sich nicht gegen eine Wand oder im Stuhl zurückzulehnen, denn dies würde die Neigung fördern, eine Art äußeren Halt zu suchen. Auf mehreren Ebenen gehört es gerade zur Aufgabe der Meditation, von innen her Halt zu geben. Es ist wichtig, den Körper zu spüren. Wenn wir uns irgendwo anlehnen, nimmt die Tendenz zum Einschlafen zu. Selbst wenn wir geradesitzen, kann uns angesichts der innerlich entstehenden Ruhe das Gefühl überkommen: „Ah, welche Stille - es muß wohl Zeit zum Schlafen sein.“ Energie entwickelt sich aus dem Gebrauch von Energie. Wenn wir erwachen wollen und mit Hilfe des Sitzens Verantwortung für unseren Körper übernehmen, wird die Energie erscheinen und zur Verfügung stehen.

Sobald wir im Körper Ruhe gefunden haben, wird die Aufmerksamkeit punktförmig auf ein Objekt gerichtet, um die Konzentrationsfähigkeit zu vertiefen. Das zur Heranbildung dieser geistigen Qualität gewählte Objekt nennen wir Primärobjekt. Es gibt der Aufmerksamkeit eine Richtung, einen Fixpunkt. Die normale Aktivität des Geistes besteht im Umherwandern. Er schwingt sich wie ein Affe von Ast zu Ast, von Gedanke zu Gedanke. Hat dieser Vorgang erst einmal begonnen, läuft er automatisch weiter. Die Gedanken denken sich selbst. Solange wir uns mit dem Geist identifizieren, können wir zwar aus dieser Aktivität aussteigen und ihm Einhalt gebieten: „Also, Geist, bleib' stehen!“ Doch er wird sagen: „Gut, ich bleibe stehen. Paß genau auf. Siehst Du, jetzt...ich stehe still! Oder etwa nicht? Moment, wer sagt das denn eigentlich? Ach, das bin ja immer noch ich.“ So wird der Geist immer weiterdenken, denn das ist nun mal seine Aufgabe. Solange „ich“ mich mit all diesen Gedanken identifiziere, halte ich mich auch selbst für den Geist und erkenne nicht den wesentlichen Teil meines Seins - den, der ich wirklich bin. Also lerne ich letztlich mittels der Beobachtung des Geistes, über ihn hinauszublicken.

Achtsames Atmen

Um eine solche Achtsamkeit zu entwickeln, üben wir uns in der Konzentration auf das Primärobjekt des Atems - nicht, indem wir an ihn denken, sondern indem wir ein geschärftes und beständiges Gewahrsein für die *Empfindung* des Atems entstehen lassen. Es ist das Gefühl echter Berührung, worauf sich die Aufmerksamkeit richtet.

Es gibt zwei Punkte, wo die Empfindung des Atems am deutlichsten spürbar ist. Für einen von beiden sollte man sich entscheiden und dann auch dabei bleiben. An den Nasenlöchern stellt sich der Kontakt zum Atem recht schnell ein. Dies ist das erste

Konzentrationsobjekt, das wir wählen können. Hierbei folgen wir nicht dem ein- und ausströmenden Atem, sondern verweilen einfach an einem einzigen Punkt, der nahe der Nasenspitze oder am Rande der Nasenlöcher liegt, je nachdem, wo wir die deutlichere Wahrnehmung verzeichnen. Hier registrieren wir die Empfindung des vorüberstreichenden Atems. Wir wählen einen Kontakt- und Beobachtungspunkt, an dem wir das Gewahrsein postieren. Wir sehen kein mentales Bild, sondern registrieren die körperliche Empfindung. Wir fühlen das Einströmen, und wir fühlen das Ausströmen. Wir öffnen unser Gewahrsein für die punktförmige Erfahrung der Empfindung und ermuntern es immer wieder, zu diesem Punkt zurückzukehren.

Das Gewahrsein der Empfindungen, die jeden Atemzug begleiten, steht im Vordergrund der Aufmerksamkeit. Auch wenn sich im Hintergrund Gedanken und andere Empfindungen einstellen, wird keine Energie aufgewandt, um sie zu vertreiben oder ihnen zu folgen. Sie kommen und gehen nach ihrem Belieben. Immer wenn wir die Aufmerksamkeit vom Atem abziehen, wird die sanfte, beharrliche Rückkehr zum Atem sowohl die Konzentration festigen als auch die Fähigkeit des Loslassens fördern.

Den zweiten Bereich, in dem das Kommen und Gehen des Atems deutlich spürbar ist, finden wir dort, wo sich der Bauch hebt und senkt. Kontinuierlich beobachtet das Gewahrsein dieses Heben und Senken, wie es sich mit jedem Atemzug von selbst vollzieht. Mag sich der Atem auch bis ins Unmerkliche verfeinern, wir beobachten ihn ohne jede Einflußnahme - zu *tun* brauchen wir nichts. Dies ist keine Atemübung, sondern eine Übung des Gewahrseins.

Nachdem wir eine Weile stillgesessen haben, mag sich zeigen, daß uns die Beobachtung des einen oder anderen Punktes leichter fällt. Es ist das Phänomen des „noch grüneren Grases“, das letztlich doch immer grün ist und hier ebenso faszinierend oder unwirklich erscheint wie dort. Von einem Punkt zum anderen zu wechseln, kommt dem Ausheben mehrerer flacher Gruben für einen einzigen Brunnen gleich. Wenn wir auf Wasser stoßen wollen, graben wir an einer Stelle geradewegs in die Tiefe. Es ist ein faszinierender Prozeß. Es gibt wahrhaftig kein anderes Ziel, als zu erkennen, was genau *jetzt* geschieht.

Registrieren

Vielleicht fallen uns die ersten Abschnitte der Meditationspraxis etwas leichter, wenn wir, während der einströmende Atem die Nasenlöcher passiert, innerlich registrieren „Ein", und den ausströmenden Atem mit der Anmerkung „Aus" begleiten. Entsprechend vermerken wir „Heben/Senken", wenn sich die Beobachtung auf den Bereich des Bauches richtet. Dieses Registrieren kann ein sehr nützliches Werkzeug sein, wenn wir den Prozeß des unmittelbaren Augenblicks völlig wach verfolgen wollen. Sobald sich Gedanken einmischen, vermerken wir zum Beispiel „Denken, denken"; wenn uns ein Duft in die Nase steigt, vermerken wir „Riechen, riechen"; und wenn ein Auto vorüberfährt, registrieren wir „Hören, hören". Diese Technik hilft uns dabei, „in der Spur" zu bleiben.

Die stillen Vermerke binden die Aufmerksamkeit enger an das Objekt des Gewahrseins. Sie sollen das Geschehen nicht kommentieren, sondern einfach nur konstatieren - ohne jede Bewertung oder Deutung. Sie vollziehen sich durch eine leichtherzige, weiträumige Anerkennung, die nicht von der gewählten Formulierung abhängt, derer wir uns nur bedienen, um den Geist für seinen eigenen Prozeß wachzuhalten.

„Denken, denken" mag genügen, um einen dominierenden Gedankenprozeß zur Kenntnis zu nehmen, doch zur Enthüllung subtiler, geistiger Mechanismen ist zuweilen auch ein präziseres Registrieren von Nutzen. So erhält inneres Planen die stille Anmerkung „Planen, planen", und Gefühle der Angst werden als „Angst, Angst" registriert.

Diese Vermerke können das Gewahrsein des unmittelbaren Geschehens über längere Zeit hin schärfen und klären. Wenn sich indessen die Konzentration vertieft, kann die Situation entstehen, daß sich der Vorgang des Registrierens störend auswirkt und nunmehr als ein überflüssiges Werkzeug erweist. Sobald das Gewahrsein tiefer eindringt, kann es seine geschärfte Wachsamkeit auch ohne jene Technik aufrechterhalten. Die inneren Anmerkungen kommen vielleicht ganz von selbst zum Stillstand oder werden fallengelassen.

Auf manchen Stufen der Konzentration und Bewußtheit kann der Nutzen des Registrierens auch von der jeweiligen täglichen

Verfassung abhängen. Zu Zeiten kann diese Technik eine Phase vertiefter Konzentration einleiten und anschließend entbehrlich werden. Des weiteren mögen wir feststellen, daß das Gewahrsein im allgemeinen klar und objektorientiert ist, sich jedoch später in bestimmte, wiederkehrende Geisteszustände verstrickt - hier können die stillen Vermerke dazu dienen, jene Zustände, die noch immer Identifikationen erzeugen und die Aufmerksamkeit ablenken, sachlich zu erkennen. Insbesondere bei Ängsten oder lebhaften Tagträumen kann die durch stilles Registrieren angebahnte bewußte Rückbesinnung durchaus erforderlich sein.

Diese Technik erlaubt es uns, sanft und beharrlich zugleich im Brennpunkt der Erfahrung zu verweilen und alle hinderlichen Überlagerungen im Augenblick ihres Entstehens zur Kenntnis zu nehmen. Sobald die Aufmerksamkeit auf ihre übliche Weise abzuschweifen beginnt, erkennen wir diese Ablenkung und kehren sacht zum Atem zurück. Wir versuchen nicht, den Geist gewaltsam auszusperren und ihn auf sein Objekt festzunageln. Ein solcher Druck führt zu geistiger Verhärtung, zu einer Art von Zielstrebigkeit, die nach einer Änderung der Dinge verlangt, sich dem Augenblick entgegenstemmt und in die Zukunft durchzubrechen sucht. So wird der Geist schwerfällig und füllt sich mit viel Ego und Betriebsamkeit.

Körperliche Empfindungen

Mit der Vertiefung des Gewahrseins können sich zahlreiche Empfindungen bemerkbar machen. Wenn uns der Körper Botschaften sendet, hören wir ihnen gelassen zu. Spüren wir Unbehagen, registrieren wir es einfach als „Unbehagen", ohne uns zu verhärten oder rigoros zu werden. Wenn sich ein Schmerz einstellt, versuchen wir, ihn als „Schmerz, Schmerz" (oder mit einem unserem Gefühl entsprechenden Begriff) zu registrieren und diesen Bereich zu entspannen. Am besten ist es, sich nicht zu bewegen und lediglich den Drang zur Bewegung zu registrieren, den Drang, dem Unbehagen auszuweichen. Ermögliche es dem Körper, seine Position der Ruhe beizubehalten. Je ruhiger der Körper, desto ruhiger auch der Geist.

Wenn wir auf Empfindungen aufmerksam werden, die mit den Atemzügen oder körperlichen Gefühlen einhergehen, bewegen wir uns nicht auf der verbalen Ebene. Wir haben uns vom inneren Dialog, vom steten Kommentar des Geistes gelöst, haben die Grenzen des Denkens durchbrochen und erleben den Prozeß unmittelbar. Und diese Art der direkten Erfahrung erschließt uns die Intuition und die Einsicht innerer Weisheit, die den Geist sich selbst von Angesicht zu Angesicht gegenüberstellt.

Gedanken

Gedanken sind mentale Objekte. Wir können sie als Seifenblasen ansehen, die durch das Feld des Gewahrseins schweben. Normalerweise formulieren sich Gedanken verbal, aber ein Gedanke kann sich ebenso in einer bildhaften Vorstellung oder Erinnerung an einen Sinneseindruck äußern, bevor er eine Kaskade der Phantasie in Gang setzt. Beim Beobachten von Gedanken ist es wichtig, ihren Inhalt nicht zu kommentieren oder zu bewerten, sondern ihr Erscheinen einfach nur klaren Blickes zu verfolgen. Meditieren heißt nicht, über Gedanken nachzudenken.

Wenn die Beobachtung des Atems von Gedanken überlagert wird, können wir still vermerken „Denken, denken" und dann zum Atem zurückkehren. Von mentalen Objekten kann jedoch auch eine sehr mächtige und subtile Verlockung ausgehen, die den Geist unbemerkt entführt: „Oh, das mache ich ja sehr gut - aha, erwischt! - denken, denken - heben, senken, heben, senken - naja, da habe ich ja eben gut aufgepaßt, oder? - oh, oh, schon wieder reingefallen! - denken, denken - heben, senken, heben, senken - also so weit, so gut - uff, wo bin ich denn jetzt wieder, kann ich denn nicht mal eine Minute beim Atem bleiben? Was bin ich doch für eine Niete - ach, da geht ja die Bewertung wieder los - hallo, ich habe mich verirrt, wo gehts denn bitte zum Atem??" Registriere einfach „Denken, denken" und kehre wieder zum Atem zurück. Bleibe leicht und gelöst.

Gelegentlich können während der Meditation äußerst attraktive Gedankenformen entstehen: gute Ideen, wunderschöne Bilder, großartige Eingebungen. Diese geistigen Objekte müssen sich nicht notwendigerweise störend auswirken; mit einem klaren inneren Blick kann uns eigentlich überhaupt nichts stören. Alles wird zum Bestandteil des geistigen Stromes, der karmabeladen und voller interessantem Krimskrams vorüberzieht. Nimm diese

Dinge einfach zur Kenntnis und kehre ganz ruhig zum Atem zurück. Diese Rückkehr zum Atem hilft uns tatsächlich dabei, die Kraft des Loslassens zu entdecken und erweitert unsere Fähigkeit, auf die konditionierte Verklammerung des Geistes zu verzichten. Wir müssen keineswegs befürchten, daß ein guter Einfall oder eine bestimmte Problemlösung verlorengeht - was von Wert ist, wird im rechten Moment verfügbar sein.

Die Vertiefung der Konzentration ist ein natürlicher Prozeß, welcher der Stärkung eines kontinuierlich trainierten Muskels gleicht. Mit jeder Rückkehr zum Atem nimmt unsere Konzentration ein wenig zu. Der Geist mag das bemerken und urteilen: „Ich mache das immer besser." Wird dieser Gedanke nicht als Gedanke erkannt, werden wir abgelenkt, produzieren neues „Ich" und verlieren an Konzentration. Die Loslösung vom „Wissen" läßt uns die Dinge so erleben, wie sie sind.

Verhaftung macht uns versucht, Vorstellungen oder Gefühle zu aktivieren oder zu verdrängen, kurz, etwas mit ihnen zu *machen*. Verhaftung bedeutet, daß wir uns mit diesen Vorstellungen oder Empfindungen identifizieren. Solange wir jedoch der Identifikation mit all diesen Regungen erliegen und ein „Ich" oder „Mein" damit verbinden, werden wir ihren Ursprung nicht erkennen und den Prozeß nicht entdecken, aus dem sie hervorgehen. Solange wir uns mit Inhalten gleichsetzen, sind wir nicht wirklich frei. Der Unterschied zwischen Knechtschaft und Freiheit besteht im Unterschied zwischen dem Denken und der Erkenntnis, daß ein Gedanke nur ein Gedanke ist.

Wollen

Wenn wir uns kratzen, wird uns der vorausgehende Juckreiz normalerweise gar nicht bewußt. Unser Handeln entspringt Motivationen, die jenseits des Gewahrseins liegen. Das geistige Willenselement, jene Eigenschaft, auf die wir unsere Willensäußerungen und Absichten beziehen, wird jedoch klar erkennbar, wenn der Geist von Stille und Bewußtheit erfüllt ist. Beim Sprechen, Lesen oder Essen verändern wir ständig unsere Position, ohne zu bemerken, daß wir auf irgendein Unbehagen reagieren, daß wir vom Geist gesteuert werden, um einer Steifheit im Hals oder einem Schmerz im Bein zu begegnen. Immer wieder werden unsere

Bewegungen von den Aversionen und Vorlieben des Geistes beeinflußt, und kaum einmal bemerken wir die Intention, die jene Bewegungen in Gang setzt. So gleichen wir oft Robotern - der Bewegung, aber nicht der Bewußtheit fähig.

Das Wollen ist Bestandteil des unablässigen Informationsstromes, der uns z.B. mittels gesteuerter Bein- und Fußbewegungen das Gehen ermöglicht. Man kann es im subtilen, prä-verbalen Drang erkennen, der uns zum Ducken veranlaßt, wenn ein Steinchen auf die Windschutzscheibe prallt. Doch selbst diese unmerklichen Impulse können fast wie innere Empfindungen beobachtet werden. Sehr viel deutlicher tritt das Wollen zutage, wenn sich beim Anblick einer Eisdiele der Gedanke einstellt: „Ah, jetzt ein kleines Vanille-Eis!“ Hier äußert sich die Stimme des bewußten Willens, des Vorläufers allen Karmas.

Durch die Beobachtung der Intentionen, die einer willentlichen Aktivität vorausgehen, brechen wir allmählich die Macht des Verlangens nach unbewußter Konditionierung unserer Handlungen. So gewinnt unser Leben ein wenig mehr an Freiheit. Jedem Wort und jeder Gebärde geht eine Absicht voraus, welche die Aktivität auf subtile Weise einleitet; hier wird die Energie vom Wollen zum Handeln übertragen. Dasselbe Willenselement, das als Impuls immer neuer Gedankengänge und Sehnsüchte des Geistes wahrgenommen werden kann, läßt sich in jener Entscheidungsfreiheit zur stetigen Rückkehr zum Atem wiederfinden, die, in geeigneter Weise gefördert, das Leben ausbalanciert.

Geisteszustände

Ein Geisteszustand ist eine innere Haltung, eine dominierende Emotion oder Stimmung, die wie ein Sieb oder Farbfilter wirkt, das jede Erfahrung mentaler Objekte (wie Gedanken und Empfindungen) passieren muß und zu dem sie in Beziehung steht. Geisteszustände sind Betrachtungsweisen. Es kann uns passieren, daß ein komplettes Bündel innerer Haltungen oder Emotionen zerfällt und schon im nächsten Augenblick von einer völlig neuen Geisteshaltung ersetzt wird, die eine ganz andere Perspektive schafft. Diese ständig wechselnden Zustände scheinen so etwas wie ein Eigenleben zu entfalten und immer nur in einen neuen Geisteszustand umzuschalten. Mit ihnen allen verknüpft sich in raffinierter

Weise ein „Ich“ oder „Mein“, obgleich sie sich in ihrem Charakter und ihrer Zielsetzung drastisch unterscheiden mögen. Tatsächlich kann jeder Gegenstand oder Gedanke, der das Feld des Gewahrseins passiert, je nach herrschender Gemütsverfassung eine positive oder eine negative Bedeutung erhalten.

In uns laufen widersprüchliche Wunschprogramme ab, die ein Objekt vielleicht erst ergreifen und dann wieder abwehren. Diese widerstreitenden Systeme lassen uns heute etwas tun, was wir gestern noch abgelehnt haben. Der von ihnen ausgelöste, von wechselseitigen Bewertungsmechanismen geprägte Konflikt bildet die Ursache der Spannungen, die wir als Schuldgefühle erleben. Ganz von selbst wechseln die Gemütshaltungen einander ab. Sich mit einer bestimmten Mentalität oder Stimmung zu identifizieren und eine andere abzuwehren heißt, den Strom zu leugnen und hilflos vom Kielwasser des Geistes mitgerissen zu werden.

Während wir eben noch heiter, temperamentvoll, glücklich oder freundlich gestimmt waren, kann unsere Verfassung wenig später in Verärgerung oder Habgier, in Triebhaftigkeit oder Trägheit umschlagen. Sie ist im Laufe eines Tages ungezählten Schwankungen unterworfen. Angesichts der Wechselhaftigkeit geistiger Zustände versuchen manche Menschen, den Geist unter Kontrolle zu bringen. Doch ich glaube, daß es wichtiger ist, dem Geist einfach keine Kontrolle über *uns* einzuräumen. Manche Leute meinen auch, daß Meditation den Geist zum Stillstand bringt. Mag dies auch kurzzeitig geschehen, das Gefühl der Verhaftung am denkenden Geist wird sich dadurch nicht vermindern - gerade wenn wir uns für „jemanden“ halten, der etwas vollbringt, kann sich die „Ich“-Illusion weiter verdichten. Nicht der Stillstand des Geistes, wohl aber Einsicht in sein Wesen führt zur Weisheit. Mit diesem Verstehen stoßen wir die Identifikation mit dem Geist ab und öffnen den Weg in die Freiheit.

Absichtslose Bewußtheit

Es gibt kein Objekt, das sich besser beobachten ließe als irgendein anderes. Das ideale Objekt ist immer exakt das Geschehen dieses Augenblicks. Wenn wir den Geist mit sogenannter „absichtsloser Bewußtheit“ beobachten, gebrauchen wir die Konzentration, die sich mit Hilfe des Primärobjektes entwickelt hat, und lassen sie

Augenblick für Augenblick jegliches Geschehen erfahren; was auch immer in den Vordergrund tritt, wird mit einem völlig unverhafteten Gewahrsein betrachtet. Wir beobachten alle Erscheinungen ohne jeden Vorbehalt. In dieser geistigen Offenheit gibt es keine Bewertung. Kein Objekt wird einem anderen vorgezogen. Und darin besteht sowohl das Ziel als auch die Methode - die Schönheit dieser Meditation. Jeder Augenblick der Praxis ist auch das Ziel der Praxis: Achtsamkeit, einfache Bewußtheit dessen, was *ist*.

Wenn sich eine hochkonzentrierte Achtsamkeit entwickelt hat, können wir Gedanken allmählich in einem neuen Licht erkennen - können ihr Kommen und Gehen buchstäblich so erfahren, als wären sie von einem Rahmen umgeben. Es ist so, als nähmen wir einen Film, den wir uns vorher auf einer Leinwand angesehen haben, und untersuchten ihn Einzelbild für Einzelbild. Was uns zuvor als ein einziger, kontinuierlicher Fluß erschienen war, studieren wir nun in allen Einzelheiten. Wir erkennen, wie alles Bewußtsein, alles, was wir für das Selbst gehalten haben, entsteht und vergeht. Der kontinuierliche Ablauf des Geistes, die Entfaltung des Daseins läßt sich mit mikroskopischem Blick sondieren. Unbewußtes wird uns nun bewußt. Nichts wird verdeckt, und nichts wird hinzugefügt. Das ganze Universum kann sich frei offenbaren, und wir empfangen die Gnade, es zu erkennen.

Es ist, als stünden wir an einem Flußufer und sähen alle Gedanken als Luftblasen an uns vorübertreiben. Und in dieser Betrachtung wird uns immer klarer, daß auch wir, die wir in den Strom blicken, einige dieser Luftblasen sind - daß selbst der Beobachter lediglich ein Teil dieses Stromes ist und das Gewahrsein ganz einfach alles Sein erfährt.

Der Güterzug der Gedanken

Ein eventuell hilfreiches Bild für die Meditationspraxis ist, daß wir an einem Bahnübergang stehen und einen vorbeifahrenden Güterzug betrachten. Die Güterwagen sind transparent, und in jedem befindet sich ein Gedanke. Wir versuchen, den Blick geradeaus auf die Gegenwart zu richten, aber unsere Verhaftungen lenken unsere Aufmerksamkeit auf die Inhalte der fahrenden Güterwagen: Wir identifizieren uns mit den verschiedenen

Gedanken. Beim Betrachten des Zuges entdecken wir in einem der Güterwagen ein Abendessen. Aber da wir soeben gegessen haben, sind wir an diesem Wagen nicht weiter interessiert. Der nächste enthält unsere „große Wäsche", und wir denken kurz an das blaue Handtuch, das zum Trocknen an der Leine hängt. Schnell kehren wir jedoch wieder in die Gegenwart zurück und erblicken im nächsten Waggon eine meditierende Person, die uns daran erinnert, was wir gerade tun. Weitere Waggons mit Gedanken fahren an uns vorbei, die wir auch unschwer als Gedanken erkennen können. Aber im nächsten sitzt ein knurrender Löwe, bereit, über jemanden herzufallen, der so aussieht wie wir selbst. Weil wir wissen wollen, was mit uns geschieht, heften wir unseren Blick an diesen Wagen, bis er entschwunden ist. Wir identifizieren uns mit ihm, weil er eine „Bedeutung" für uns hat. Wir verhaften uns an ihm. Dann geht uns auf, daß wir nun jedoch alle nachfolgenden Waggons übersehen haben, und wir lösen uns von der Faszination des Löwen und richten unsere Aufmerksamkeit erneut auf die Gegenwart.

An einem Waggon verhaften wir uns, am anderen nicht. Der Güterzug ist einfach vorhanden - und der stille Zeuge, der am Übergang steht, scheint ebenfalls präsent zu sein. Dies sind die ersten Stadien des Bemühens, achtsam zu sein und im Hier und Jetzt zu verweilen.

Wenn wir uns ein wenig daran gewöhnt haben, der ablaufenden Inhalte gewahr zu sein, beginnen wir, den eigentlichen Prozeß des Güterzuges wahrzunehmen, der Wagen für Wagen an uns vorüberzieht, und unsere Aufmerksamkeit heftet sich nicht mehr an jeden Reiz: Wir verlieren uns nicht mehr ständig in der entschwindenden Gedankenkette oder in der Erwartung dessen, was aus der Zukunft kommt. Wir blicken strikt geradeaus und lassen uns von keinem der Inhalte ablenken. Plötzlich explodiert einer der vorbeifahrenden Waggons, und es reißt uns mit, wir tauchen in das Ereignis dieses Wagens ein. Doch mit einem schmerzlichen Lächeln erkennen wir, daß es nur die Vorstellung einer Explosion war, nur ein Güterwagen-Gedanke, und kehren erneut ins Jetzt zurück. Unser Blick ist wieder geradewegs auf den Ablauf passierender Waggons gerichtet. In einem von ihnen verprügeln wir gerade unsere Frau. Alle möglichen Dinge durchlaufen den Geist. Und wir folgen ihnen von neuem, lassen uns von ihnen einfangen - bis wir schließlich den unpersönlichen, konditionierten Charakter all dieser Inhalte durchschauen und den perfekten Strom des eigentlichen Prozesses erkennen.

Wenn wir jetzt geradeaus schauen, dann merken wir, daß wir mit der Zeit auch zwischen den Waggons hindurchblicken können. Und wir sehen allmählich, was sich hinter dem Zug befindet, was jenseits der Gedanken liegt. Wir erfahren, daß sich der Prozeß vor einem Hintergrund homogener Offenheit abspielt, daß der Geist von Augenblick zu Augenblick im weiten Raum entsteht und vergeht.

Die Wahrnehmung des Bezugsrahmens, in dem sich dieses ganze Melodram vollzieht, bewahrt uns mehr und mehr davor, mitgerissen zu werden - sogar von irgendeiner Angst. Unser Blick klärt sich. „Aha, da ist wieder der Trick mit dem explodierenden Güterwagen." „Das ist wieder die Sache mit dem wütenden Chef." Was es auch sein mag, wir betrachten es allmählich als Teil des Prozesses. Wir sehen es im Zusammenhang. Der kleine Geist, der sich mit all diesen Dingen identifizierte, wird größer und größer, bis er sogar sich selbst in einem so unermeßlichen Raum umfaßt, daß alles in ihm Platz findet - einschließlich des Güterzuges und des Beobachters. Schließlich erweist sich auch diese Figur, die beobachtend am Bahnübergang stand, als nichts anderes als der Inhalt eines dieser Güterwagen - als ein weiteres Objekt des Geistes. Das Gewahrsein aber, an keinen Ort gebunden, ist überall zugleich.

Eine geleitete Meditation der Achtsamkeit (Vipassana)

(Man kann sie still in sich aufnehmen oder einem Partner vorlesen.)

Wähle Dir einen angenehmen Platz, an dem Du aufrecht und dennoch in entspannter Haltung sitzen kannst.

Laß den Körper einfach von selbst atmen und lenke die Aufmerksamkeit auf den Punkt, an dem der durch die Nasenlöcher streichende Atem am deutlichsten zu spüren ist.

Verbinde das Gewahrsein mit der Wahrnehmung der ein- und ausströmenden Luft. Postiere die Aufmerksamkeit wie einen Wächter, der an einem Stadttor die hinein- und hinausgehenden Personen registriert, ihnen aber weder nach innen noch nach außen folgt. Er steht einfach wachsam am Tor.

Richte die Aufmerksamkeit stetig auf einen einzigen, exakten Punkt und beobachte die Empfindung eines jeden Atemhauchs, der beim natürlichen Atmungsprozeß in den Körper einströmt und ihn wieder verläßt. Wenn die Aufmerksamkeit abschweift, dann führe sie zu dem Berührungspunkt zurück, der den feinen Luftstrom des Atems an den Nasenlöchern überwacht. Registriere im stillen „einatmen - ausatmen". Denke nicht über den Atem nach. Stelle ihn Dir nicht einmal vor. Bleibe einfach bei der Empfindung, die im Kontakt der Nasenlöcher mit der vorbeistreichenden Luft entsteht.

Geräusche erscheinen. Gedanken kommen. Andere Gefühle entstehen. All dies erscheint und vergeht im Hintergrund.

Im Vordergrund steht das konstante Gewahrsein der Empfindung des ein- und ausströmenden Atems. Nichts wird verdrängt. Nichts wird festgehalten. Es existiert nur die klare, genaue, sanfte

Beobachtung des Atems. Achtsames Atmen.

Empfindungen entstehen im Körper. Gedanken erscheinen im Geist. Wie Seifenblasen schweben sie vorbei.

Jede Regung des Geistes darf aus eigenem Impuls erscheinen und verlöschen. Der Geist wird nicht abgewehrt, der Atem nicht festgehalten. Sanft kehrt das Gewahrsein zu den Empfindungen zurück, die das Kommen und Gehen des ständig gegenwärtigen Atemstromes erzeugt. Sanfte Rückkehr.

Das Gewahrsein des Atems steht im Vordergrund. Im Hintergrund ist alles andere so, wie es ist - aber der offene, ruhige Geist haftet nicht daran.

Jeder Atemzug ist einmalig: manchmal ist er tief, manchmal flach - ständig gibt es leichte Variationen. Du fühlst den gesamten Luftstrom, der in Dich eindringt, für einen Moment ruht und wieder ausströmt. Du erlebst den ganzen Atemzug auf der Ebene der Sinne, der Berührung.

Das Atmen geschieht ganz von selbst. Das Gewahrsein beobachtet nur. Der ganze Körper ist entspannt. Die Augen voller Ruhe. Das Gesicht gelöst. Die Schultern locker. Der Bauch rund und leicht. Kein Festhalten. Nur Bewußtheit und Atem.

Nur das Bewußtsein und das Objekt des Bewußtseins existieren - unaufhörlich entstehend und vergehend im unermeßlichen Raum des Geistes.

Verirre Dich nicht. Wird der Geist davongetragen, dann kehre mit urteilslosem, unverhaftetem Gewahrsein ganz ruhig zum Atem zurück. Beobachte jeden Atemzug von seinem Anfang bis zu seinem Ende - präzise, klar, jeder Empfindung bewußt.

Der Körper atmet von selbst. Der Geist denkt von selbst. Das Gewahrsein betrachtet einfach den Prozeß, ohne sich in seinem Inhalt zu verlieren.

Jeder Atemzug ist einzigartig. Jeder Augenblick völlig neu.

Wenn sich eine körperliche Empfindung bemerkbar macht, dann wird sie vom Gewahrsein als Empfindung registriert. Nimm ihr Kommen und Gehen zur Kenntnis. Stelle sie Dir nicht als den Körper, als ein Bein, als einen Schmerz oder ein Zittern vor. Vermerke sie einfach als Empfindung und kehre zum Atem zurück.

Der gesamte Prozeß vollzieht sich von selbst. Das Gewahrsein betrachtet von Augenblick zu Augenblick das Kommen und Gehen geistiger und körperlicher Erfahrung. Fortwährender Wandlung.

Im Vordergrund steht die Wahrnehmung des Atems, der von selbst ein- und ausströmt. Nur der Atem und das Gewahrsein des Atems existieren.

Gib Dich dem Atem hin. Erfahre den Atem. Setze keine Erwartungen in den Atem. Denke nicht einmal an Konzentration. Ermögliche es einfach dem Gewahrsein, bis zur Ebene der Empfindungen vorzudringen, die aus sich selbst und in sich selbst entstehen.

Mit jedem Einatmen und mit jedem Ausatmen wird der Berührungspunkt deutlicher und intensiver.

Der Geist richtet sich punktförmig auf die Empfindungen, die das Atmen begleiten.

Wenn Gedanken erscheinen, dann registriere klar ihre Aktivität im Geist und laß sie wie Seifenblasen vorübertreiben. Nimm sie zur Kenntnis und kehre zum achtsamen Atmen zurück.

Wenn Gedanken oder Gefühle die Oberhand gewinnen, dann registriere sie mit offenem Gewahrsein als „Gefühl", als „Gedanke", als „Hören", als „Schmecken", als „Riechen". Kehre dann sanft zum Atem zurück.

Halte Dich nicht bei Gedanken auf. Analysiere keine Inhalte. Registriere einfach nur den einsetzenden und abklingenden Vorgang des Denkens, des Fühlens, der Sinneswahrnehmung - all dies erscheint und löst sich im nächsten Moment schon wieder auf.

Kehre zum gleichmäßigen Strom des Atems zurück. Greife nach nichts. Verdränge nichts. Es existiert nur die klare, unmittelbare Bewußtheit der in Geist und Körper dominierenden Aktivitäten.

Kehre unbeirrt zum exakten Beobachtungspunkt zurück, an dem der Luftstrom jedes vollen Atemzuges vorüberstreicht.

Die Augen sind entspannt. Die Schultern sind entspannt. Der Bauch ist entspannt. Das Gewahrsein ist klar wie ein Kristall.

Die hervortretenden Empfindungen werden feiner und feiner. Gedanken formen sich. Sie alle werden innerhalb des konzentrierten Gewahrseins der Atemzüge klar registriert.

Beobachte die Impulse, den beständigen Wechsel von Objekt zu Objekt, von Atemzug zu Atemzug, von Empfindung zu Empfindung. Wie in einem Kaleidoskop folgt eine Veränderung auf die andere.

Ununterbrochen entstehen und vergehen die Objekte im weiten Raum des Geistes und des Körpers. Voller Ruhe und Offenheit betrachtet das Gewahrsein diesen Prozeß der Erscheinung und Auflösung. Das Gewahrsein registriert jede dominierende Aktivität und wendet sich von neuem den Empfindungen des Atems zu.

Gefühle erscheinen. Gedanken erscheinen. „Pläne" des Geistes, „Bewertungen" des Geistes. Das Gewahrsein betrachtet die Entfaltung ihrer Aktivität. Es verliert sich nicht in den Inhalten. Beobachte, wie der Gedankenstrom durch den unermeßlichen Raum des Geistes zieht.

Diese Worte erscheinen aus dem Nichts, und sie zerfließen wieder im Nichts. Es existiert nur freier Raum, in dem der gesamte Geist, der gesamte Körper als stetiger Strom der Veränderung erfahren wird.

Geräusche erscheinen und vergehen.

Gefühle erscheinen und vergehen.

Wer wir sind, *was* wir unserer Meinung nach sind - all dies zieht wie eine Kette aus Seifenblasen an uns vorüber, erscheint und vergeht von Augenblick zu Augenblick im weiten, freien Raum des Geistes. Absichtslose Bewußtheit. Unaufhörliche Bewußtheit aller Erscheinungen, aller Existenz.

Alle Dinge, die entstehen, müssen auch vergehen. Alles, was wir für unser „Ich" halten, ist in fortwährender Auflösung begriffen.

Augenblick für Augenblick betrachten wir alles so, wie es ist - perfekt in seinem Werden und Vergehen.

„So sollt Ihr diese flüchtige Welt betrachten: Als einen Stern in der Morgendämmerung, als eine Luftblase in einem Strom, als einen Blitzstrahl aus einer Sommerwolke, als eine flackernde Lampe, als ein Trugbild und einen Traum."

Selbstbild und eingebildetes Ich

Kaum einmal vergeht ein Tag oder auch nur eine einzige Stunde, ohne daß wir in einen Geisteszustand geraten, der uns gänzlich ungelegen kommt - sei es Befangenheit, Nervosität, Zorn, Abneigung, Angst, Neid oder Überdruß. Ebenso vertraut sind uns überaus angenehme Zustände, die wir eigentlich gern häufiger, ja am liebsten jederzeit erleben würden. Irgendwie will uns ein Fragment des Geistes glauben machen, unser wahres Dasein bestünde nur aus jenen angenehmen Zuständen. Dies ist nichts anderes als eine selektive Identifikation, eine Verhaftung, eine Verklammerung an einem Selbstbild und eine Wunschvorstellung unser selbst.

Unaufhörlich skizzieren Geist und Konditionierung ein Bild, mit dem wir uns identifizieren können. Wir glauben, uns in den schönen, angenehmen Zuständen wiederzuerkennen und mit der Depression, dem Zorn, der Unruhe, der Trauer und der Enttäuschung nichts gemein zu haben. Wir verhaften uns an einem streng isolierten Aspekt und übersehen dabei zwangsläufig den Prozeß, der all jenen Stimmungen zugrunde liegt.

Es ist jedoch sehr schwierig, die Realität zu erkennen, wenn wir alle eintreffenden Informationen zielstrebig filtrieren, wenn wir „jemanden" konstruieren und daraus unsere Identität ableiten wollen. Das „Ich" reproduziert sich unablässig aus unserer positiven oder negativen Einstellung zum geistigen Geschehen. Zufolge der gewohnheitsmäßigen Bewertung aller geistigen Faktoren treffen wir eine strenge Auslese unter einer Vielfalt von Gedanken und Vorstellungen, um ein Gebäude zu errichten, das im natürlichen

Strom des Geistes fortwährend zerfällt. Dieses „Ich“ ist die Fassade, die der Geist für seine Selbstdarstellung gewählt hat. Wenn wir unsere Identität auf diese Weise zusammensetzen, picken wir uns aus einer umfangreichen Mixtur von Vorstellungen diese und jene heraus und stellen den Rest mittels rationaler Erklärungen in Frage. Was wir auswählen, was den Filter passieren darf, nennen wir „Ich“, und währenddessen glauben wir sogar, daß dieses „Ich“ selbst die Auswahl träfe. So wird das imaginäre „Ich“ ständig von der zwanghaften Tätigkeit seiner Neugestaltung in Anspruch genommen. Doch dieses isolierte „Ich“, dieser geistige Aspekt, der seine Identität in der eigenen Bilderwelt sucht, ist einfach nur ein rationaler Faktor, ein vorbeiziehender Gedanke, eine Seifenblase.

Stetig basteln wir in gespannter Erwartung zukünftiger Möglichkeiten an einem neuen Selbstbild herum. Kaum einmal erlauben wir es uns, etwas nicht zu wissen. Nur sehr selten geben wir der Weisheit des Nichtwissens Raum und öffnen den Geist für ein tieferes Verständnis. Wird er von Verwirrung erfaßt, identifizieren wir uns mit ihr und sagen, daß wir verwirrt seien - wir klammern uns förmlich daran. Verwirrung entsteht, weil wir gegen unser Nichtwissen, das jeden Augenblick ohne Vorbehalte oder Erwartungen immer wieder neu erlebt, ankämpfen. Wir sind von derart vielen Betrachtungsweisen und Wunschvorstellungen angefüllt, daß für die Entfaltung der Weisheit kein Raum mehr bleibt. Wir verlangen nach einem zweckgerichteten Wissen, das unsere Vorstellung eines rationalen, separaten und autonomen Selbst bestätigen soll. Wenn wir jedoch unseren Geist und unser Herz öffnen, indem wir kein Verständnis *suchen*, sondern das Verständnis einfach in uns *einlassen*, werden wir mehr finden als wir erwartet haben. Wenn wir nicht mehr an unserer Unwissenheit und Verwirrung festhalten, kann sich der wissende Geist entfalten.

Weisheit entwickelt sich in einem Geist, der im Nichtwissen gründet, der von Ruhe erfüllt ist - der einfach *ist.* Unserem Sein mangelt es an nichts, was einem Buddha, einem Christus oder einem Mohammed zu eigen ist; es ist derselbe Urquell, dasselbe ursprüngliche Wesen - die eine, gemeinsame Essenz. Indem wir uns von unseren Selbstbildern, von unseren Gedanken, von unserem Versuch der Beherrschung der Welt lösen, begegnen wir unserem natürlichen Sein, das all die Jahre geduldig darauf gewartet hat, daß wir nach Hause finden.

Durch unsere Verklammerung an Dingen, die wir zu wissen oder nicht zu wissen glauben, blockieren wir unser tieferes Wissen. Indem wir uns aber von ihnen lösen - nicht etwa durch Gewalt, durch Vernichtung, sondern einfach, indem wir sie als ein vorüberziehendes Schauspiel oder einen ablaufenden Prozeß betrachten - verschmelzen wir mit der Gesamtheit unserer Erfahrungswelt und öffnen uns unserer natürlichen Einsicht.

Vielleicht sollte der Begriff der „Loslösung", des „Loslassens", einmal näher erläutert werden. Loslassen bedeutet, sich nicht an Geistesinhalte zu binden. Es bedeutet auch, sich jener unverhafteten Bewußtheit zu öffnen, die dem fließenden Strom nichts entreißen will - eine Weiträumigkeit zu erleben, in der alles erscheinen und wieder zerfließen kann.

Diese Weiträumigkeit läßt sich besser verstehen, wenn wir daran denken, wie schnell der Geist einen Gedanken normalerweise einkapselt. Er nimmt die Form des Objektes an, das in ihn eintritt. Der Geist denkt an einen Apfel und wird zu einem Apfel. Er denkt an Angst und wird ängstlich. Deshalb erliegen wir dem Glauben, daß der Geist das ist, was er enthält. Aber der Geist ist ebensowenig mit seinem Inhalt identisch wie der Himmel mit den ihn durchziehenden Wolken. Der Geist ist ein Raum, in dem sich diese Inhalte abspielen, in dem sie entstehen und vergehen. Die Erfahrung dieser Weiträumigkeit ist das Wesen der Nichtverhaftung, des Loslassens. Für alles ist Raum, nichts wird festgehalten.

Wenn wir zu diesem weiten Raum in Beziehung stehen statt zu seinen Inhalten, versteifen wir uns nicht auf alles, was uns durch den Sinn geht. Wenn sich Angst oder Verlangen bemerkbar machen, betrachten wir sie in der sie umgebenden Weiträumigkeit. Wir verstricken uns nicht in der Identifikation mit ihnen, sondern erleben sie als Wellen im geistigen Strom, als flüchtige Elemente, die spontan erscheinen und auf die gleiche Weise wieder zerfallen werden.

Die Entwicklung eines völlig unverhafteten Geistes ist der Pfad zur Weisheit. Gedanken erscheinen, Wahrnehmungen stellen sich ein, die Sinne sind offen und wach, Präferenzen und Ansichten entfalten sich in der Weite des Geistes - die klare Betrachtung jedoch läßt keine Identifikation, keine Einmischung entstehen.

So stellen wir fest, daß in der Weiträumigkeit des Loslassens eine natürliche Ausgewogenheit entsteht. Indem wir uns von der

Verwirrung lösen, entsteht Wissen. Indem wir uns vom Zorn lösen, entsteht Liebe. Wir müssen die Liebe nicht zu uns rufen, wir müssen nur loslassen, was sie verdeckt. Indem wir uns von der Angst lösen, entsteht Ruhe. Liebe und Friedfertigkeit, Fürsorge und Freigebigkeit sind natürliche Eigenschaften des Seins, die zutage treten, wenn sie nicht von Charakterzügen blockiert werden, die man sich zur Bewahrung und Darstellung des scheinbaren Selbst anerzogen hat.

In der Stille der Meditationspraxis lassen sich jene hinderlichen Zustände recht leicht erkennen und auflösen, im Alltag jedoch ist das nicht so einfach. Wir werden vergeßlich und fallen in unsere konditionierten Anschauungen und Identifikationen zurück. Wir grübeln darüber nach, wie wir die konfliktfördernde Verwirrung aus der Welt schaffen, wie wir den Ärger über unseren Chef, die innere Hektik oder Unlust bei der Arbeit loswerden können. Doch zeigt unser tägliches Leben auch, daß wir einen Geisteszustand durch dieselbe Technik der reinen Anerkennung, die wir auch während der Meditation anwenden, ins Licht des Gewahrseins bringen und seiner Macht über uns berauben können - wir registrieren ihn, geben ihm Raum: „Aha, wieder einmal der Zorn. . . oh, da scheint so etwas wie Angst aufzukommen." Selbst wenn wir unsere innere Verfassung nur einmal pro Stunde anerkennen würden, würde diese Praxis der unmittelbaren Registrierung des Geschehens die Intensität der Identifikation mit diesen Zuständen verringern und uns den ganzen Tag über ein Gefühl größerer Freiheit geben. Wenn wir die empfundene Angst oder Trägheit immer wieder bewußt erkennen, durchbrechen wir ihnen Bann. Immer wenn wir einen Geisteszustand ohne Bewertung akzeptieren und einfach vermerken „Aha, Unsicherheit - aha, Angst - soso, da ist ja wieder die Nervosität," mildern wir seinen Einfluß und stärken gleichzeitig unsere Fähigkeit, ihn loszulassen.

Während sich die negativen Zustände abschwächen, entfalten sich die positiven Zustände ganz von selbst. Begriffe wie „negativ" oder „positiv", „gut" oder „schlecht" werden hier jedoch nicht im Sinne einer Bewertung verstanden. Vielmehr indizieren sie jene Zustände, die das Licht der Einsicht verdecken, und solche, die es konzentrieren. Negative Zustände lassen sich leicht erkennen: Sie sind unangenehm, wir können sie in unserem Körper spüren. Wie fühlen sich Wut, Neid oder Eifersucht an? Es ist eine Empfindung der Anspannung und Unruhe, ein inneres Feuer. Wie fühlt es sich an, großzügig, aufgeschlossen, freundlich oder liebevoll zu sein? Wir fühlen uns innerlich warm und gelöst, erleben ein tiefes Wohlgefühl.

Das einfache Betrachten des Geschehens, auch wenn seine Anerkennung sehr schwer fällt, kann ein sehr gutes Gefühl bewirken, denn es ist die Wahrheit des Augenblicks, und Wahrheit ist voller Schönheit. Selbst bei starken Hemmungen, die wir freimütig und urteilslos anerkennen, kann sich die zugrundeliegende Anspannung und Beklemmung lösen, und die aufkeimende Selbstbejahung läßt das Herz wieder freier atmen. Gerade der Versuch, negative Zustände zu verbergen, uns von ihnen abzulenken oder vor ihnen zu fliehen, zieht sie aufgrund der negativen Verhaftung förmlich an. Der Knoten zieht sich noch fester zusammen. In der Weiträumigkeit aber, die allem Geschehen offensteht, können sich die Spannungen entwirren, und die schmerzvolle Abwehrhaltung kann sich lösen.

Wir werden unseres Geisteszustands nur selten gewahr, denn meist identifizieren wir uns völlig mit ihm. Wir können zwischen der Emotion und ihrer Wahrnehmung nicht die Distanz herstellen, die uns erkennen läßt, daß wir *nicht* mit ihr identisch sind, die uns daran erinnert, sie einfach nur zu registrieren. Normalerweise merken wir nicht einmal, wie stark unsere Identifikation mit einer Stimmung oder Gemütsverfassung eigentlich ist, denn wir sehen die ganze Welt aus ihrer Perspektive. All unsere Bewertungen und Kommentare gleichen sich dem aktuellen Blickwinkel an, dem momentanen Selbstbild, dem entweder glücklichen „Ich“ mit all seinen Vorlieben oder dem gelangweilten „Ich“ mit all seinen Wünschen. Wir verschmelzen förmlich mit den Geisteszuständen, anstatt sie ohne jede Verklammerung einfach durch das Gewahrsein ziehen zu lassen. Durch die Förderung eines solchen weiträumigen, nicht-identifizierten Gewahrseins lösen wir uns aus der Rolle eines Jemand, der irgendetwas bekommen will. Wir stauen den Strom nicht auf und treiben ihn auch nicht voran. Wir stehen an seinem Ufer und lassen ihn frei an uns vorüberfließen.

Der urteilende Geist

Der urteilende Geist hat zu allem eine Meinung. Er selektiert aus der mentalen Flut jene Faktoren, die seine Identität bestimmen sollen, und mißbilligt den Rest. Er ist voller Lärm und überlebtem Wissen. Er bildet eine Mentalität, die sich der Aufrechterhaltung einer bestimmten Selbsteinschätzung ergeben hat. Er ist stets bemüht, jemand zu sein.

Der urteilende Geist begleitet den Ablauf all unserer Gedanken und Handlungen mit einem unablässigen nörgelnden Geplapper. Er ist eine der Stimmen des internen Dialogs, der in Gang hält, was wir das „Ego" nennen. Wo es ein Urteil gibt, gibt es auch „jemanden", der urteilt - ein in den Tanz verwickeltes, mit Phänomenen wie dem „Ich" identifiziertes personales Gefühl, das sich vom Strom, vom Gesamtprozeß abgetrennt hat. Seine Macht über unser Leben vergrößert sich mit jedem „Ja" oder „Nein", mit jedem „Gut" oder „Schlecht", mit jedem „Richtig" oder „Falsch" - mit all den widersprüchlichen Vorstellungen davon, wie die Dinge sein „sollten". Ständig übt es heftige Kritik am geistigen Geschehen. Weil es aber selbst nur einen mentalen Prozeß darstellt, können wir dieses isolierte Ich-Gefühl ins Licht der Einsicht bringen und uns von ihm lösen.

Wenn wir uns während der Meditation von Gedanken vereinnahmen lassen, sind wir manchmal geneigt, zu denken: „Verflixt nochmal, ich habe mich wieder im Denken verstrickt!" Wir folgen einem abschweifenden Gedanken mit der gewohnten bewertenden Stellungnahme und reagieren schließlich, wenn wir diese Bewertung erkennen, mit dem Gedanken: „Verdammt, ich bewerte ja schon wieder!" Wir urteilen über den urteilenden Geist.

Wenn wir aber auftauchende Bewertungen mit einer weiträumigen, urteilslosen Aufmerksamkeit nur registrieren, lockern wir ihre Fesseln, indem wir sie im Mitgefühl mit unserem ureigenen Lebensprozeß betrachten, in der achtungsvollen Anerkennung der gewaltigen Macht ihres konditionierten Reizes. Noch ungezählte Male werden wir uns in ihnen verlieren. Erst wenn wir uns aus der Rolle lösen, in der wir uns wiederzuerkennen glauben, anstatt sie zu bewerten, kann sich unser Leben entspannen. Identifikation mit dem Denken stiftet zur Bewertung an. Wenn wir des Ablaufs mentaler Bewertungen einfach nur gewahr sind und ihn mit wacher, klarer Aufmerksamkeit registrieren, löst sich der urteilende Geist allmählich auf.

Ein Geist, der sich aus der Enge seiner Urteile heraus selbst kommentiert, läßt nicht die Weiträumigkeit entstehen, die das gesamte Sein umfaßt. Diese Weiträumigkeit bemüht sich nicht darum, daß etwas eintritt oder aufrechterhalten wird, sie läßt dem Geist seinen natürlichen Lauf.

Die Bewahrung der Weiträumigkeit urteilsloser Anerkennung geistiger Urteile ist ein Balanceakt. Wenn wir zu wenig Abstand zu einem Gedanken oder Geisteszustand haben, wenn wir voll auf ihn einsteigen, dann entsteht eine Not und Enge, die dem natürlichen Strom nicht den Raum geben kann, den er zur Offenbarung seiner Totalität braucht. Es ist, als würden wir unser Gesicht gegen eine Schaufensterscheibe pressen, um die Auslagen zu betrachten. Unsere Sicht wird ähnlich getrübt wie bei einem Blick aus zu großer Entfernung, der die einzelnen Objekte verschwimmen läßt. Wenn der Abstand zu klein ist, können wir den Blick nicht mehr fokussieren; ist er zu groß, entgehen uns feine Details. Die Balance ergibt sich aus der Prüfung unserer Sichtweise. Und die Feinjustierung folgt aus dem Vertrauen in die intuitive, dem Prozeß innewohnende Weisheit.

Wenn der urteilende Geist klar wahrgenommen wird, gibt sich sein zerbrechlicher Charakter zu erkennen. Wie sehen, daß sich Meinungen wie Schneeflocken kristallisieren und wieder zerschmelzen. Wir sehen, daß jede Auffassung einer Seifenblase gleicht. Wird sie vom Gewahrsein berührt, verdeutlicht sich ihre

Immaterialität, ihre essentielle Leere sehr schnell. Die Vorlieben und Abneigungen des urteilenden Geistes bestehen nur aus altem Karma und sich abwickelnder Konditionierung. Wenn wir auf diese Präferenzen nun zwanghaft reagieren, wenn wir uns mit ihnen identifizieren, werden sie zur Ursache weiteren Karmas. Bewertungen können sehr subtil verlaufen; ein einziger Moment des Lobes oder Tadels, der Vorliebe oder Abneigung, polarisiert unsere ganze Welt. Diese automatische Verhaftung und Bewertungstendenz des urteilenden Geistes bildet einen fortschreitenden karmischen Strom, der nicht zur treibenden Kraft weiterer karmabildender Handlungen werden sollte. Ein Augenblick der mentalen Bewertung, der Verstrickung in die Identifikation mit alten Präferenzen ist ein Augenblick der Achtlosigkeit, der Unwissenheit. Ein Augenblick der klaren Erkenntnis geistigen Bewertungsstrebens ist ein Augenblick der Freiheit und Weisheit.

Jemand fragte einmal: „Wie sollen wir uns denn eigentlich im Leben behaupten, wenn wir nicht urteilen? Würden wir dann nicht in völlige Kritiklosigkeit verfallen?“ Diese Frage resultiert aus einem grundlegenden Mangel an menschlichem Selbstvertrauen, aus der Furcht, nach einem wirklichen Loslassen die Orientierung zu verlieren. Manche Leute glauben, daß uns die Loslösung von unserer stetig urteilenden, überwachenden Instanz in wilde, rasende Bestien verwandeln würde. Rücksichtslosigkeit und Greuel müßten um sich greifen, sobald wir die Selbstkontrolle, die Unterdrückung bestimmter Gedanken und die Selbstsuggestion aufgäben. Wir erkennen nicht, daß wir uns mit einem ruhigen und unverhafteten Geist gar nicht erst in dem Melodram verfangen würden, das allenthalben so viel Leid hervorruft. Wir sollten dem Gewahrsein vertrauen, das alles Urteilen einfach als Teil des Stromes betrachtet, als Resultat früherer Konditionierungen, denen sich der grenzenlose Geist wahrhaftig nicht zu unterwerfen hat. Der urteilende Geist will uns suggerieren, daß wir die Zügel keinen Moment sinken lassen dürften, um uns die Liebe derer zu erhalten, die uns nahestehen. In Wirklichkeit jedoch steht unsere Liebesfähigkeit und Liebenswürdigkeit in direktem Zusammenhang mit dem Grad unserer Fähigkeit, uns aus der Isolation zu lösen und mit dem Verzicht auf unsere urteilsbeflissene Befangenheit der Liebe anderer zu öffnen.

In manchen Übersetzungen yogischer Texte wird von „geistiger Kontrolle“ gesprochen, was uns zu der Meinung verleiten könnte, daß wir unsere Veranlagung zur Bewertung fördern sollten, um den Geist unter Kontrolle zu halten. Doch die wirkliche Kontrolle ist das Loslassen. Erst im Loslassen werden wir frei, denn keine Erscheinung - weder Zorn, noch Habgier, noch Angst - kann uns in ihren Bann ziehen. Es gibt nichts mehr, woran sie haften könnte.

Wenn wir den Geist urteilsfrei betrachten, erkennen wir deutlich den Unterschied zwischen dem Denken und dessen Beobachtung. Beim Beobachten der Gedanken lösen wir uns, während uns der Denkprozeß bewußt wird, von ihren Inhalten und erfahren den Raum, der jedes mentale Objekt umgibt. Beim Denken aber tauchen wir geradewegs in das Karma ein, das den Gedanken, das Objekt hervorruft, und verstärken den Gedankenprozeß durch die Förderung seiner Macht, weitere Identifikationen und Reaktionen zu erzeugen.

Christus sagte: „Richtet nicht, auf daß Ihr nicht gerichtet werdet.“ Je mehr wir den urteilenden Geist auf andere anwenden, desto eindringlicher wird er dazu angeregt, auch unsere eigenen Handlungen abzuschätzen. Das beste Mittel zur Entschärfung des urteilenden Geistes ist ganz einfach seine direkte, urteilsfreie Anerkennung.

Vor einigen Jahren fiel mir auf, daß ich beim Besuch öffentlicher Einrichtungen jeden Fremden in Gedanken taxierte. Dies war ein ganz automatischer, fast schon lästiger Vorgang, an den ich mich in Jahren des Wetteiferns und Vergleichens gewöhnt hatte. Irgendwie schien ich so meine Anwesenheit im Raum bekräftigen zu wollen. Es war lächerlich, passierte mir aber immer wieder. Besonders deutlich wurde dies in Restaurants, wenn ich die Gäste an benachbarten Tischen belauschte. Ich beurteilte ihre Kommunikation und vermeintliche Selbsteinschätzung sehr kritisch. Ich merkte, daß ich mich ihnen gegenüber sehr überlegen fühlte. Der Geist war ganz in die hypnotische Abwicklung seiner Bewertungsmechanismen vertieft.

Also beobachtete ich den Geist, ohne ihn zu unterdrücken, und registrierte einfach sein Tun. Ich verfolgte, wie er die anderen Gäste und mich selbst in einem Atemzug tadelte. Und in der Beschäftigung mit dieser Bewertungsautomatik merkte ich, wie das Gewahrsein und ein zunehmendes Gefühl kosmischen Humors den Bann dieses zähen Geisteszustandes durchbrach und seinen Einfluß allmählich abschwächte. Mit seiner schwindenden Macht wurde seine Stimme immer leiser. Und wenn ich den Geist auch jetzt noch gelegentlich bei seiner Beurteilung fremder Gespräche beobachte, so kann er mich dabei kaum noch fesseln. Ich verfolge einfach den Ablauf seiner altgewohnten Impulse.

Es gibt Augenblicke, in denen wir uns von jenem inneren Gefecht völlig erlöst fühlen, aber es passiert auch, daß die Unterströmung der Konditionierung so mächtig ist, daß wir wieder in das Urteilsstreben hineingezogen werden. Wenn die Stimme des urteilenden Geistes besonders laut ist, bietet sich uns die Gelegenheit, die Kraft der Selbstvergebung wiederzuentdecken. Selbstvergebung kann uns so weit öffnen, daß sich die Spannung des urteilenden Geistes löst. Mit der Güte für uns selbst reift auch unsere Anteilnahme an den Schwierigkeiten, denen wir bei den Schritten zum Erwachen begegnen. Wir empfinden eine tiefe Ehrfurcht vor dem Prozeß, den wir ans Licht bringen und allmählich zu verstehen beginnen. Uns wird klar: Wenn wir über uns urteilen, weil wir so sind, wie wir sind, dann ist das nicht anders, als würden wir über den Himmel um seines Wetters oder über das Meer um seiner Gezeiten willen ein Urteil fällen. Selbstbejahung und umfassende Bewußtheit ermöglichen uns, unser kostbares Leben vom Zwiespalt der Werturteile zu befreien und in seiner ganzen Wirklichkeit zu erfahren. Es ist die Aufmerksamkeit und Güte für uns selbst, die Loslösung von jedem Gefühl der Unwürdigkeit, die uns für unsere Ganzheit öffnet.

Das Gefühl der Unwürdigkeit

Das Wesen, nach dessen Liebe wir uns am meisten sehnen, sind wir selbst. Doch wenn wir uns diese Liebe - vielleicht durch eine auf sie gerichtete Meditation oder schon durch unsere normale Lebensweise - entgegenzubringen versuchen, dann kommt uns zuweilen der Gedanke, daß wir sie nicht verdienen. Wir spüren einen inneren Zwiespalt, der diese Liebe blockiert, eine störende Überlagerung, die bis zu einem bestimmten Grad offenbar ständig vorhanden ist. Es ist ein Gefühl der Unwürdigkeit, das uns stets wie ein Wolke überschattet und blind für unsere innere Schönheit macht. Selbst bei den wundervollsten Menschen, die ich kenne, läßt sich beobachten, daß das heißeste Feuer, mit dem sie arbeiten müssen, das Gefühl der Unwürdigkeit ist.

Dieses Gefühl ist anscheinend darauf zurückzuführen, daß uns Debatten, Erziehungsmethoden und Konditionierungen das Vertrauen in unser natürliches Sein entzogen haben. Es gründet darin, daß wir uns selbst entfremdet und zum Mißtrauen gegen uns selbst angehalten wurden. Ein stark vereinfachendes Beispiel mag sein, daß wir als kleine Kinder vielleicht über den Fußboden getapst sind und einem entstehenden Bedürfnis zum Wasserlassen ganz einfach nachgegeben haben. Und dann eilten Mama oder Papa herbei und riefen: „Nein, nein, tu das nicht, das darf man nicht!" Doch wir haben überhaupt nichts *gemacht*, wir haben einfach nur gepinkelt. Es war etwas, das auf ganz natürliche Weise über uns kam. Aber irgendwie war es „falsch!" So lernten wir mehr und mehr, unsere Natürlichkeit in Frage zu stellen.

Wenn wir heranwachsen, lernen wir, für uns selbst zu sorgen und Verantwortungsbewußtsein zu entwickeln. Man spornt uns dazu an, eigenständig zu werden, uns das Lob anderer zu verdienen und Überlegenheit zu zeigen. Und während wir lernen, unsere Besonderheit zu stärken, geraten die meisten von uns als Kinder natürlicherweise in die Phase, in der wir manchmal lügen oder stehlen. Vielleicht lügen wir, um unsere „Besonderheit" zu verteidigen, um einem angenommenen Selbstbild zu entsprechen, um unseren natürlichen Eigensinn zu verbergen, um jemand zu sein, der wir nicht sind - und mit unserem Diebstahl wollen wir uns vielleicht etwas aneignen, von dem wir uns wünschen, daß wir es bereits hätten.

Das kleine Kind erfährt, daß es nicht lügen und nicht stehlen darf, aber niemand macht ihm dieses Verbot verständlich. Unsere Natürlichkeit steht unter Anklage. Unser Mißtrauen gegen uns selbst wird immer wieder durch das Gefühl bestätigt, daß nur wir allein gelogen oder gestohlen haben, daß irgendetwas mit uns prinzipiell nicht stimmt.

Immer wieder kommentiert jene kritische, urteilende Stimme in uns, was wir tun und wie wir etwas tun, und will uns einreden, daß wir den anderen nicht ebenbürtig, daß wir nicht liebenswert seien. So haben wir unsere natürliche Eigenliebe, unsere natürliche Selbstachtung allmählich verloren und uns an den Gedanken gewöhnt, es sei ungehörig und unangemessen, sich selbst zu lieben.

Interessanterweise ist es gerade dieses Gefühl der Unwürdigkeit, das dem Ego als Stütze dient. Wir müssen das Ego nicht bekämpfen oder überwältigen. Ein großer Teil dessen, was wir als egoistische Motivation betrachten, resultiert aus einem Gefühl des Unwürdigseins. Wenn dieses Gefühl schwindet, verliert das Ego beträchtlich an Rückhalt. Das Ego ist kein Wesen, das darauf aus ist, die Welt zu erobern; ein Großteil der flüchtigen Verklammerung, die wir Ego nennen, ist ein kompensatorischer Mechanismus zur Widerlegung der Unwürdigkeit. Es zielt weniger auf eine großartige Erscheinung ab als vielmehr darauf, nicht allzu dumm dazustehen. Unsere ausgeprägte Besonderheit, so vermuten wir, wird jene Unzulänglichkeit ausgleichen und demonstrieren, daß mit uns alles in Ordnung ist.

Wenn wir uns von Unwürdigkeitsgefühlen lösen und auch sie in unsere Selbstvergebung einbeziehen, dann gibt es niemanden mehr, der irgendetwas beweisen müßte. Die gesamte Ego-Struktur beginnt zu zerbröckeln und schafft tiefer Liebe und Selbstbejahung Raum. Wenn Selbstbewertungen auftauchen, versuchen wir, sanft von ihnen abzulassen. Vielleicht kommt uns dabei der Gedanke: „Ach, eigentlich will ich mich ja nur selbst verwöhnen. So leicht darf ich es mir nicht machen!" Abermals keimt das Gefühl auf, daß wir uns kontrollieren und uns selbst mißtrauen sollten. Die Skepsis gegen unser natürliches Wesen hat einen so großen Einfluß gewonnen und so viel gesellschaftlichen Rückhalt erfahren, daß wir allenthalben in diesem Gefühl bestärkt werden.

Wir mißtrauen unserem natürlichen Sein so sehr, daß viele der Überzeugung sind, der Mensch sei von Natur aus schlecht. Dies ist das Gefühl der Unwürdigkeit, von dem wir in bezug auf den urteilenden Geist gesprochen haben. Wer diesem Lebensgefühl anhängt, betrachtet die geistigen Hindernisse - die Haltungen der Habgier, des Verlangens, der Erbitterung und des Egoismus, mit denen wir alle umgehen müssen, mit dem Gedanken: „Na also, da sieht man es doch ganz deutlich. Wie soll man einem Geist vertrauen, der solche Eigenschaften hat?" Wenn wir aber darauf hinweisen, daß diese Barrieren nur auf unseren Aversionen und Ängsten gründen, daß wir uns von diesem konditionierten Geist durchaus lösen und unsere natürliche Weisheit ans Licht bringen können, dann wird entgegnet: „Ich würde ja die Kontrolle über mich verlieren. Nein, ich muß das Ruder fest in der Hand halten, sonst läuft überhaupt nichts mehr." Doch tatsächlich hebt unser Unwürdigkeitsgefühl jene negativen Eigenschaften noch stärker hervor. Und weil diese Eigenschaften wiederum zu weiterer Isolation führen, fühlen wir uns selbst immer ungeliebter und unliebenswerter, und die Beziehung zu uns selbst und zu anderen kompliziert sich zunehmend.

Wir können Unwürdigkeit ebenso beobachtend zur Kenntnis nehmen wie jedes andere Geistesmerkmal auch, das infolge bestimmter Bedingungen aus sich heraus erscheint und vergeht. Sie ist nur einer von vielen geistigen Impulsen. Sie ist nur ein Ausschnitt aus dem vorüberziehenden Schauspiel. Im Vertrauen auf uns selbst und auf die Kraft des Gewahrseins können wir zu einem klaren Verständnis der Wahrheit gelangen. Daß wir stets alles verändern wollen und glauben, wir müßten etwas *machen*, um unserer Verwirklichung gerecht zu werden, resultiert hauptsächlich aus dem Unwürdigkeitsgefühl, aus dem Gefühl persönlichen Mißtrauens. Auch jetzt noch werden viele von uns sagen: „Ja, aber. . ." Es ist immer wieder das alte Lied.

Als eine enge Freundin einmal in einer Gruppe aus ihrem Leben erzählte, kam sie auf etwas zu sprechen, das sie eine „Erfahrung kosmischen Bewußtseins" nannte. Sie hatte einige Monate zuvor das Erlebnis einer vollendeten Einsicht in die Natur der Dinge gehabt. Im Anschluß an diese Schilderung wurde sie von einem der Zuhörer in leicht gereiztem Ton gefragt: „Willst Du Dich mit einer Erfahrung hervortun, die außer Dir niemand gemacht hat? Erzeugst Du nicht Verhaftung an der Jagd nach höchsten Erfahrungen?"

Sie erwiderte: „Ach nein, weißt Du, was dieses Erlebnis ausmachte, war kein Wissen und keine Weisheit und nicht einmal irgendein Friede. Wirklich bewegt hat mich einfach, daß ich dieser Erfahrung würdig war."

Es ist nicht ungewöhnlich, daß sich das Gefühl der Unwürdigkeit verdichtet, daß es unser Selbstvertrauen scheinbar noch nachhaltiger untergräbt, wenn sich die Bewußtheit vertieft und allmählich in subtile Strömungen eindringt. Nun bildet es die Grundlage für die Arbeit an uns selbst, für einen gründlichen Läuterungsprozeß.

Wir lösen uns nicht von unserem Unwürdigkeitsgefühl, indem wir es eliminieren, indem wir es zu kontrollieren oder zu verdrängen suchen, sondern indem wir ihm so viel Raum geben, daß es sein eigenes Wirken erkennen kann.

Ein Gefühl der Unwürdigkeit macht uns in keiner Weise unwürdig. Es wurde uns in Millionen von Erfahrungsmomenten - wenn nicht sogar während vieler Lebenszyklen - eingeprägt, in denen man uns wissen oder spüren ließ, daß wir mit Fehlern und Unzulänglichkeiten behaftet wären. Jeder von uns scheint mehr oder weniger davon betroffen zu sein. Ob man diesem Umstand gleichermaßen in allen Kulturen begegnet, ist mir nicht bekannt - in unserer Gesellschaft ist er jedenfalls weit verbreitet.

Wir sind es wert, unser Unwürdigkeitsgefühl abzulegen. Selbst wenn wir nichts anderes als dies praktizieren würden, wäre vielen Problemen, mit deren Klärung wir uns jetzt herumschlagen, die

Grundlage entzogen. Wir hätten mehr Raum zum Wachsen.

Wir brauchen das Unwürdigkeitsgefühl nicht mit der Liste unserer Verdienste bei Laune zu halten, sondern können uns ganz bewußt von ihm lösen, sobald es erscheint. Dieser Stimmung deutlich und zugleich urteilslos gewahr zu sein, ist Teil der Arbeit, die uns erwachen läßt. Sanft, geduldig und in tiefer Liebe erkennen wir das Wesen an, das wir wirklich sind. Ein Freund gebrauchte die Worte: „Versuche immer, Dich selbst mit den Augen Gottes zu sehen."

Selbstbejahende Achtsamkeit

Je mehr wir uns selbst bejahen, desto umfassender erleben wir die Welt. Je mehr wir unseren Zorn, unsere Einsamkeit und unsere Wunschmechanismen anerkennen, desto aufmerksamer können wir anderen zuhören und desto besser können wir auf uns selbst eingehen. Die Größe des Raumes, den wir immer noch verneinen, bestimmt den Abstand zwischen uns und der Vollendung. Nirgendwo sonst ist Vollendung möglich.

Wenn wir alles annehmen können, was auch immer im Augenblick geschieht, wird das Gefühl unserer Vollendung präsent sein. Die Empfindung der Ganzheit, der Erfüllung tritt ein, wenn wir uns allem gegenwärtigen Geschehen öffnen. Wir müssen dazu nichts *tun*. Im Tun spiegelt sich normalerweise nur das Verlangen nach einem anderen Lauf der Dinge wider. Wenn wir uns dem Augenblick hingeben können, ohne an irgendetwas zu haften, und so alle Erscheinungen mit einem ruhigen, urteilsfreien Geist betrachten, dann erfahren wir unsere Vollkommenheit. Wir können mit unserer Verlassenheit, mit unserer Angst und selbst mit unserer Befangenheit in perfekter Weise leben. Wir erkennen, daß dies nur vorübergehende Geisteszustände sind und daß uns die Anerkennung ihrer Präsenz, mag sie auch noch so schmerzvoll sein, die Wahrheit zeigt - und die Wahrheit ist voller Schönheit. Es geht darum, daß wir uns wirklich allumfassend akzeptieren. Nur so werden wir den tieferen Hintergrund erkennen.

Der Zorn liefert ein besonders gutes Beispiel für eine Eigenschaft, die wir in uns selbst nicht akzeptieren wollen und als „schlecht" einstufen. Wo aber Enttäuschungen entstehen, folgt der Zorn oft automatisch. Bei genauer Beobachtung des Geistes können wir den Übergang von der Enttäuschung zum Zorn erleben. Wir verfolgen, wie unerfülltes Verlangen ganz plötzlich in Ärger umschlägt und dieser Ärger uns schließlich dazu treibt, einen Schuldigen zu suchen. Wir wollen etwas, bekommen es aber nicht, und das sich schließende Herz verwandelt sich in eine geballte Faust.

Der Zustand des Zorns läßt sich besonders gut beobachten, denn wir haben gelernt, daß wir nicht zornig sein und uns auch nicht vom Zorn eines anderen provozieren lassen dürfen. So ist eine sehr unsichere Orientierung entstanden. Weil die meisten Menschen nicht frei von Zorngefühlen sind, formt sich angesichts der ständigen, unkontrollierbaren Wendungen des Lebens in ihnen ein Knoten ohnmächtiger Wut. Schon als Kinder erleben wir, daß unser kleiner Hund stirbt, daß wir unsere Eltern verlieren, daß wir an einen fremden Ort ziehen oder von Freunden getrennt werden. Manchmal sieht es fast so aus, als würde uns alles, was wir lieben, von den Lebensumständen geraubt. Entweder das Geliebte oder wir selbst sind von Veränderung und Tod betroffen. Ähnlich wie bei dem Kind, dem man ständig Vorschriften macht und den Anstoß zum Mißtrauen gegen sein ureigenes, natürliches Verhalten gibt, schlummert in uns ein Verlustgefühl, das zuweilen heftigen Zorn auslöst.

Möglicherweise sind wir ein wenig überrascht, wenn wir diesen Knoten der Angst und Wut in uns selbst freilegen. Wir können ihn jedoch nicht auflösen, solange wir ihn nicht aus aufrichtiger, liebevoller Güte zu uns selbst akzeptieren, solange wir ihn nicht im Mitgefühl mit unserer menschlichen Situation ganz und gar bejahen. Solange wir ihn verdrängen, werden seine Wurzeln von unserer Verhaftung genährt. Es ist schmerzhaft, den Zorn zu akzeptieren. Aber es ist in Ordnung, zornig zu sein - und es nicht zu sein. Es ist okay, den Ärger kommen und wieder gehen zu lassen. Jeder von uns muß dabei in sich selbst hineinhorchen. Doch wenn ich den Zorn anerkenne, überkommt manche Leute ein leichtes Frösteln: „Was soll das heißen, daß es okay ist, wütend zu sein? Ich habe gelernt, daß es eben nicht okay ist. Man soll niemanden verletzen.“ Zorn ist ein mentaler Zustand; die Auslösung der Handlung bedarf einer Willensentscheidung. Ist man sich seiner klar bewußt, verletzt er niemanden. Erst wenn wir uns in ihm verlieren, führt er zur Kränkung. Und um uns in ihm zu verlieren, reicht es schon, wenn wir sagen: „Ich bin nicht zornig!"

Voller Wut auf jemanden loszugehen, ist kein besonders kreatives oder heilsames karmisches Ereignis in unserem Leben. Es gibt eine Menge anderer Möglichkeiten, Spannungen zu lösen - aber die Verdrängung des Zorns oder die um seinetwillen empfundene Selbstverurteilung zählen nicht zu ihnen. Wir können uns selbst vertrauen, wenn wir unseren Zorn akzeptieren, wenn wir unsere Angst anerkennen. Mit der Vertiefung unseres Selbstvertrauens entfalten wir genügend Mitempfinden und Selbstbejahung, um mit diesen überaus machtvollen emotionalen Einflüssen arbeiten zu können - statt ein Problem darzustellen, ermöglichen sie die Arbeit an uns selbst. Diese Geisteszustände werden nur dann zu einer massiven Last, wenn wir sie begünstigen oder bekämpfen. Wenn wir die Achtsamkeit entwickeln, sie zu akzeptieren, werden wir unserer Ganzheit gewahr und sehen alles so, wie es ist. Es sind einfach nur weitere Nichtigkeiten, weitere Seifenblasen, die durch den weiten Raum des Geistes ziehen.

Wir müssen vor nichts unsere Augen verschließen. Vielleicht sagen wir: „Meine Güte, trage ich all diesen Kram wirklich mit mir herum?" „Ich" bin aber letzlich nur im Spiel, solange ich ihn in mir vergraben will. Wenn dieses Material ins Licht gebracht wird, übt es keine Macht mehr auf uns aus und schlägt nicht mehr in eine Handlung um. Wenn wir uns selbst gegenüber genügend Mitgefühl und Geduld aufbringen, um solch einen Zustand zuzulassen und zur Kenntnis zu nehmen, löst er sich allmählich auf. Urteilslose Bewußtheit hat die Kraft, etwas in seiner ganzen Wirklichkeit zu erkennen und loszulassen. Wenn wir es eher als einen Prozeß denn als einen Inhalt betrachten, begreifen wir, daß all diese emotionalen, scheinbar auf unsere Person bezogenen Probleme tatsächlich kaum von persönlicher Relevanz sind.

Es gibt nichts, dessen Erkenntnis uns Furcht einflößen müßte. Bei einem klaren Verständnis des Zorns, der Angst, der Unsicherheit oder des Zwiespalts verlieren die Dinge ihre Schärfe und drängen nicht mehr auf ihre Inszenierung. Ihre reaktive Macht zerfällt. Achtsamkeit entkräftet ihren Bann. Und wenn der Einfluß jener

Zustände auch noch eine Weile fortbestehen mag, so schwächt die Achtsamkeit doch immerhin ihr langfristiges Potential der Machtentfaltung. Wenn Augenblicke der Achtsamkeit und des Zorns einander abwechseln, büßt der Zorn seine suggestive Kraft allmählich ein.

Manchmal sind wir uns nicht darüber im klaren, wie wir auf eine hartnäckige Frustration reagieren sollen. Wenn wir zum Beispiel das Abendessen für unsere Kinder zubereiten wollen, und ein zufälliger Gast steckt seine Nase in unseren Kühlschrank, um sich die für das Essen eingekauften Lebensmittel unbekümmert einzuverleiben, dann können wir hinsichtlich unseres Verhaltens ganz auf unser Selbstvertrauen bauen. Wir müssen diese Person nicht aus unserem Herzen verstoßen, wenn wir sie vor die Tür setzen.

Die Natur des Geistes bringt es mit sich, daß mit der Präsenz des Gewahrseins kein Raum mehr für jene Art der Verklammerung bleibt, die Frustration erzeugt. Gewahrsein und Verklammerung können nicht gleichzeitig wirksam sein; sie schließen sich gegenseitig aus. Wenn wir nicht achtsam sind, wenn wir uns mit einem Gedanken identifizieren und somit in Achtlosigkeit verfallen, wird aus einer Mücke leicht ein Elefant. Sind wir achtsam, kann ein Gedanke nach dem anderen erscheinen und vergehen, ohne daß ein Gefühl bedrückender Enge entsteht. Wenn wir also dem Zorn gegenüber achtsam sind, wird er nicht von Dauer sein. Wir unterdrücken ihn nicht, wir agieren ihn nicht aus. Wir achten einfach auf ihn, erfahren ihn, beobachten sein Kommen und Gehen.

Achtsamkeit ist das wirksamste Mittel zur Läuterung, denn sie fördert mentale Nichtverhaftung. Interessanterweise ist in der buddhistischen Gedankenwelt weniger von der Entwicklung einer liebevollen als vielmehr einer nicht-gehässigen Haltung die Rede; man spricht weniger vom Loslassen als vielmehr von der Nichtverhaftung. Wo der Geist nicht von jenen unzuträglichen Eigenschaften des Hasses und der Habgier eingenommen wird, offenbart sich sein natürlicher Zustand der liebevollen Güte und Freigebigkeit. Wo keine Abneigung besteht, kommt die Liebe ans Licht, die zu allen Zeiten aus dem Geist der Weisheit entspringt.

Der achtsame Eintritt in den Augenblick bedeutet, uns selbst völlig zu akzeptieren. Wir wissen, daß es Gefühle in uns gibt, deren Ursprung wir nicht kennen, daß es Gefühle gibt, zu denen wir keine Verbindung haben: „Ich habe ein bestimmtes Gefühl, aber ich weiß nicht, warum. Da ist ständig diese Unsicherheit, aber ich weiß nicht, woher sie kommt. Okay, das ist eben so, ich akzeptiere das einfach - und bin dennoch präsent." Es ist uns möglich, trotz dieses Gefühls Gleichmut zu bewahren, uns nicht darin zu verkapseln, Körper und Geist nicht zum Widerstand aufzurufen. Es ist in Ordnung, etwas nicht zu wissen - so erhält das Wissen Raum.

Wir können mit unserer Meditationspraxis experimentieren, um herauszufinden, was in uns vorgeht, was wichtig für uns ist. Wir können erproben, wie sich Zorn anfühlt, wie sich Freude anfühlt, wie es sich anfühlt, vom Strom getrennt zu sein, sich zu fürchten oder Sorgen zu machen. Wir können erfahren, was Loslassen bewirkt. Wie können alles in uns selbst erfahren. Wir geben der Gesamtheit unseres Wesens Raum und kehren im Geist der Selbstbejahung ganz und gar in den Strom zurück, ohne uns in der Bewertung anderer mentaler Zustände zu verfangen.

Wir gestehen es uns zu, den Urteilen des Geistes einfach zuzuhören und zu erkennen, daß diese Urteile „Himmel und Hölle unendlich voneinander trennen" - um die Worte des Dritten Zen-Patriarchen zu gebrauchen. Wir erleben, daß der freie Raum, in dem die mentalen Inhalte erscheinen, aus sich heraus urteilsfrei, undogmatisch und ohne trennende Grenzen ist. Er macht nicht hier oder dort halt, er steht allem offen. Urteile lassen den ursprünglichen Raum des Geistes in Abermillionen Bruchstücke zersplittern. Durch mitfühlende Betrachtung des urteilenden Geistes aber finden wir in tiefer Bewußtheit zur Selbstbejahung zurück.

Hindernisse

Unter einem Hindernis verstehen wir etwas, das dem Licht geistiger Weisheit im Wege steht. Wir nennen es nicht „Sünde", sondern betrachten es einfach als innere Verständnissperre, die unsere Aufmerksamkeit fesselt, Identifikationen schafft und uns von einem entspannten Gewahrsein des Stromes ablenkt. Hindernisse bilden die Basis vieler zwanghafter Reaktionen, die Saat beträchtlichen Karmas.

Obgleich es eine Vielzahl von Hindernissen gibt, kann man sie in fünf Hauptkategorien zusammenfassen - in fünf „Feinde" des ausbalancierten Geistes, wenn man so will. Es sind: die sinnliche Begierde - eine Form der Habgier; Haß oder Zorn - eine Form des Widerwillens; Trägheit und Apathie; Aufregung und Sorge; sowie die vielleicht größte Barriere auf dem Weg des inneren Forschens und der Bewußtseinsklarheit - der Zweifel. Diese Mentalitäten sind bis zu einem gewissen Grad in uns allen vorhanden, wenn eine von ihnen auch oft im Vordergrund steht. Im Falle der Begierde und des Hasses, der Gier und des Widerwillens kann beispielsweise immer nur entweder die eine oder die andere Eigenschaft präsent sein, da sie einander entgegenwirken. Wenn wir etwas begehren, dann greifen wir danach, wollen es förmlich verschlingen. Wenn es uns mit Widerwille erfüllt, versuchen wir, es von uns fortzustoßen. Auch wenn sich der Geist im Bruchteil einer Sekunde wandeln mag, können nicht zwei dieser opponierenden Zustände gleichzeitig existieren.

Gier drückt sich oft darin aus, daß wir nach angenehmen

Zuständen verlangen, daß etwas „schneller“ gehen, „mehr“ sein oder „eher“ erreicht werden soll. Es muß sich nicht unbedingt um sexuelle Wollust handeln, obgleich dies sicherlich ein leicht erkennbarer Aspekt jener Mentalität ist. Ebenso kann es die Gier nach Verständnis, nach bestimmten, subtilen Geisteszuständen oder höchsten Erfahrungen sein, oder die Verhaftung an schmeichelhaften Selbstbildern wie „Ich bin sehr gut im Meditieren“. Dieses Hindernis birgt wie alle anderen das Problem, daß es die Aufmerksamkeit nach außen lenkt und sich selbst kaum noch erkennen kann. Und ohne klares Gewahrsein des Geschehens ist der Prozeß der Läuterung, des Loslassens natürlich gestört. In subtilerer Weise können wir eine Verhaftung auch wahrnehmen, wenn wir eine Straße hinunterfahren und feststellen, daß sich unser Blick ohne unser Zutun an Schilder und Reklameflächen heftet, daß der Geist völlig in seine konditionierte Suche nach Reizen vertieft ist.

Im Greifen nach Objekten, im Durst nach Erfahrungen erkennen wir eine der dominierenden, mentalen Energien. Begierde kann für uns selbst und für das begehrte Objekt äußerst schmerzhaft sein, wenn es sich hierbei um ein menschliches Wesen handelt. Die Gier nach sexueller Erfahrung oder, in subtilerer Form, nach der Bestätigung des eigenen Selbstbildes durch den anderen macht jene Person zu einem Objekt der Befriedigung und beraubt sie ihres Zaubers, ihrer inneren Werte. Wir ziehen zwischen uns und diesen Objekten der Befriedigung eine Trennlinie, wir zehren von ihnen, wir benutzen sie. Dies soll keineswegs heißen, daß wir uns nicht auch am unbeschwerten Tanz mit unseren Wünschen erfreuen könnten - sofern beide die Musik hören und ihre Herzen öffnen können.

Das zweite Hindernis ist der Widerwille oder Haß, der die Angst mit einschließt. Hier geht es um das, was wir nicht wollen, was wir abwehren. Wenn uns Widerwille ergreift, versteifen sich Körper und Geist. Die Abneigungen, Vorurteile und Ärgernisse, die wir spüren, drängen die Welt zurück. All diese Aversionen sträuben sich gegen das, was *ist.* Sie alle blockieren den frei fließenden Geist, der alle Dinge augenblicklich so erfährt, wie sie sind, und nach nichts anderem verlangt. Buddha verglich den Zorn - eine höchst alltägliche Form des Widerwillens - damit, in ein Feuer zu greifen und mit der bloßen Hand ein Stück glühender Kohle herauszuholen, um es jemandem entgegenzuschleudern: Noch ehe der andere Schaden leidet, haben wir uns selbst verletzt. Bei der Beobachtung des Zornes erkennen wir den Wunsch, sein Objekt in irgendeiner Weise zu kränken oder zu demütigen. Wir können uns überhaupt nicht über etwas oder jemanden ärgern, ohne ihm Schaden zu wünschen. Dies ist ein unseliges, aber natürliches Merkmal jenes mentalen Faktors.

Diese Hindernisse bewirken, wenn man sie klar als solche erkennt, kein weiteres Karma. Je eher wir diese Zustände bemerken, wenn sie sich im Geist zu formen beginnen, desto eher können wir uns auch von ihnen lösen, desto geringer ist ihre Macht, zur Identifikation zu verleiten. Wenn wir unseren Zorn bewußt erkennen, ohne Bewertungen aufzustellen, ohne Aversionen gegen die Aversion aufzubauen, können wir ihm den vom Gewahrsein geschaffenen geistigen Freiraum bieten und die Identifikation mit ihm durchbrechen. Wenn wir den Widerwillen im Augenblick seines Entstehens klar erfassen und akzeptieren, nähren wir das Feuer nicht mehr, und er existiert nur noch als das verblassende Resultat früherer Gedanken. Statt immer neue Bestätigung zu finden, glüht er die alten mentalen Gewohnheiten aus, auf die er sich ursprünglich gründete.

Während wir das Wirken dieser Hindernisse im Geist beobachten, lernen wir sie durchaus nicht als unsere Freunde kennen. Wenn wir auch seit langer Zeit in enger Beziehung zu ihnen stehen und uns in der Vorstellung von „meinem Zorn", „meiner Habgier" vollauf mit ihnen gleichsetzen, sind sie doch einfach nur Eigenschaften des Geistes wie andere auch. Im Licht der Einsicht schwindet ihre Macht, uns in Handlungen hineinzuziehen und den Geist abzulenken, mehr und mehr. Wir können diese Geisteszustände ganz individuell erkunden. Wir können erleben, daß sie der Welt viel von ihrem Zauber nehmen.

Als nächstes kommen wir zu unseren treuen Begleitern, der Trägheit und Apathie, die ein Lehrer recht treffend in den Bewegungen der Schnecke verkörpert sieht. Trägheit und Apathie manifestieren sich auf vielfältige Weise. Gewöhnlich ist es eine geistige Abgeschlagenheit, die wir dann und wann spüren. Manchmal stoßen wir jedoch bei der Beobachtung des Geistes auf eine bleierne Schläfrigkeit und Stumpfheit, die der inneren Klarheit sehr hinderlich werden kann, denn ohne ausreichende Energie fällt die Konzentration sehr schwer. Wie andere Hindernisse auch, können Trägheit und Apathie so tief in uns wurzeln, daß sie zu einem unserer Charakterzüge werden und unsere Sicht auf die Welt beeinflussen. Manchmal treten sie zutage, wenn wir meditieren und den Gedanken registrieren: „So, das reicht nun wirklich für heute." „Ich glaube, ich höre jetzt auf, ich habe genug getan." Das ist Faulheit. Einmal vorhanden, kann sie die künftige Arbeit blockieren. Es ist eine schläfrige Blindheit, die sich als Gefühl zunehmender Schwäche in den Geist hinabsenkt und die wir oft für „meine Müdigkeit" halten, statt sie schlicht als „Müdigkeit", als „Apathie" zu registrieren und ihrem hintergründigen Widerstand standzuhalten.

Achtsamkeit ist das wirksamste Mittel, um den Bann all jener Widerstände zu brechen. Über sie alle können wir meditieren, ohne daß sie unsere Meditation blockieren. Vielmehr können sie zum Objekt der Erforschung werden. Es kann faszinierend sein, Müdigkeit, Zorn oder Gier zu studieren, wenn der Geist ruhig und urteilsfrei bleibt. Wir können diese Aktivitäten gradlinig, sanft und konzentriert in Geist und Körper beobachten.

Wenn die Achtsamkeit nicht stark genug ist, um die Fesseln der Hindernisse zu durchtrennen, kann man sich bestimmter Hilfsmittel bedienen. Ein geeignetes Mittel zur Neutralisierung der mentalen Wirkung von Zorn oder Widerwillen ist das innere Loslassen, das sich aus der Entfaltung von Gefühlen liebevoller Güte ergibt. Es ist nicht ungewöhnlich, daß ein Lehrer einer von heftigem Unwillen erfüllten Person vorschlägt, sich einer intensiven Praxis der *Metta*-Meditation oder der Meditation liebevoller Güte zu widmen. Im Falle der Begierde ist die Einsicht in die essentiell unbefriedigende Natur einer Verklammerung das geeignete Mittel, um dieser Mentalität entgegenzuwirken. Traditionell forderte man Personen, bei denen die Lustbefriedigung im Vordergrund stand, beispielsweise dazu auf, Leichenhäuser aufzusuchen und durch die Betrachtung des körperlichen Zerfalls Einsicht in die Unbeständigkeit der Dinge zu gewinnen, um das Objekt ihres größten Verlangens mit anderen Augen zu sehen. Ein weniger radikales Mittel, das unserer Praxis eher angemessen ist, besteht darin, uns selbst zur

Mäßigung beim Essen und beim Schlafen zu erziehen. Solch ein achtsamer Umgang mit sinnlicher Befriedigung kann oft ein gutes Gegenmittel bei lustvollen Sehnsüchten sein. Werden wir mit Trägheit und Apathie konfrontiert, läßt sich der schläfrige Geist mitunter durch einige tiefe Atemzüge oder einen Spaziergang wiedererwecken. Auch ein kurzes, konzentriertes Stehen kann hilfreich sein. Wie man mit hartnäckiger Trägheit umgehen kann, erfuhr ein Freund, der eine Weile als Mönch in Thailand lebte und von seinem Lehrer angewiesen wurde, sich zur weiteren Meditation auf den Rand eines tiefen Brunnens zu setzen. Immer wenn sein Kopf nun nach unten sackte, öffneten sich seine Augen und blickten in einen gähnenden Abgrund. Die Müdigkeit verschwand sehr schnell. Ein anderer Freund macht sich die vom Überlebenswillen bewirkte Wachsamkeit zunutze, indem er langsam rückwärts geht, wenn er auf ausgedehnten Meditations-Retreats mit großer Müdigkeit zu kämpfen hat.

Unruhe, Aufregung und Sorge bezeichnen das vierte Hindernis. Aufregung steht oft im Zusammenhang mit irgendwelchen Sorgen. Dies kann die Bewußtseinsklarheit weitgehend beeinträchtigen, denn ein unruhiger Geist kann die Konzentration nur mit Mühe aufrechterhalten. Den meisten von uns werden die Perioden vertraut sein, in denen sich die Aufmerksamkeit permanent vom Atem löst und der umherirrende Geist überlegt, welche Rechnungen zu bezahlen sind, worüber wir kürzlich mit jemandem diskutiert haben, was jemand von uns denkt oder warum wir so unruhig sind. Wie auch bei anderen Hindernissen wird weiteres Ego produziert, weitere Gedanken an „meine Sorgen“, „meine Ruhelosigkeit“, „meine Unzufriedenheit“. Und diese Identifikationen lösen neue Sorgen aus, rufen hektische Zukunftspläne hervor und lassen die unwiederbringliche Vergangenheit immer wieder Revue passieren. Der Geist irrt irgendwo umher und hat den Kontakt zum Jetzt verloren. Die Antwort auf massive Probleme kann besser durchdacht und ausgearbeitet werden, wenn man den Geist zur Ruhe kommen läßt. Sorgen blockieren oft das Erkennen geeigneter Problemlösungen. Innere Aufregung läßt sich leicht als eines der mentalen Phänomene durchschauen und ablegen. Das geeignete Rezept für die Wiederherstellung geistiger Stille besteht darin, die Konzentration durch sanfte, beharrliche Rückkehr zum Atem zu fördern.

Die Arbeit mit diesen Hindernissen erfordert ein hohes Maß an Geduld. Sie verschwinden nicht über Nacht. Baba Hari Dass sagt, daß nicht einmal ein einundneunzigjähriger Weiser frei von solchen Barrieren ist. Sie können jederzeit völlig spontan erscheinen. Ein Großteil unserer Meditation dreht sich um sie. Doch wir können mit ihnen umgehen, wenn wir sie ganz einfach mit urteilsfreier, klarer Bewußtheit betrachten.

Als mächtigstes Hindernis muß man den Zweifel oder inneren Zwiespalt bezeichnen, denn er kann die Meditationspraxis völlig zum Stillstand bringen. Leichte Zweifel mögen noch dazu angetan sein, uns zu tieferer Erforschung unseres konditionierten Wirklichkeitsglaubens zu motivieren, doch manchmal kann der Zweifel so stark sein, daß er den Geist verschließt. Wir zweifeln daran, daß uns die erwählte Methode weiterbringt. Wir zweifeln an unserer Einsichtsfähigkeit. Wir bezweifeln sogar, daß es so etwas wie Freiheit gibt. Wenn der Zweifel überwiegt, hören wir auf, an uns zu arbeiten. Wir kauern uns nieder, bemitleiden uns selbst und stellen das Universum in Frage.

Zweifel kann so subtil sein, daß wir ihn nicht bemerken. Wir glauben vielleicht, daß Meditation für manche Menschen durchaus das Richtige sei, aber unser Selbstzweifel redet uns ein, daß wir selbst damit nicht weiterkämen. Wenn wir diesen Impuls des Zweifels jedoch als eine der vorüberschwebenden geistigen Seifenblasen durchschauen können, wird unser Leben von manchen Unsicherheiten und Spannungen befreit.

Ich habe eine Freundin, die eine sehr schwere Jugendzeit durchlebte. Sie wuchs im New Yorker Stadtteil Spanish Harlem auf, wo sie die ganze Härte eines unglücklichen Lebens zu spüren bekam. Als es sie mit achtzehn Jahren nach Indien verschlug, hatte sie das unbestimmte Gefühl, meditieren zu müssen, um innere Klarheit zu finden. Doch ihre Unruhe und Konzentrationsschwäche waren so groß, daß sie kaum länger als ein paar Minuten stillsitzen konnte. Mit den meisten der inneren Barrieren hatte sie schwer zu kämpfen, aber Zweifel kamen ihr nicht. Deshalb konnte sie alles erreichen. Sie kannte die Arbeit, die zu erledigen war, und nahm sie in Angriff. Sie setzte so viel Vertrauen in den Prozeß, daß sie sich nach und nach von den Inhalten lösen konnte. Es dauerte einige Monate, bis sie es schaffte, eine ganze Stunde lang zu meditieren, inzwischen aber ist sie zu einer Meditationspraktikerin geworden, wie ich sie nur selten kennengelernt habe. Ihre Klarheit und Geistesfrische wird von vielen bewundert.

Ein kleines Plus an Einsicht reicht als geeignetes Werkzeug für den Umgang mit innerem Zwiespalt häufig aus. Manchmal kann auch das Lesen fundierter Schriften oder das Gespräch mit einem geachteten Freund den Zweifel besänftigen oder in einem neuen, größeren Zusammenhang erscheinen lassen.

Wenn wir die Hindernisse in klarer Bewußtheit erfassen, durchschauen wir das Geschehen unmittelbar, und die mentalen Zustände, die uns einst in die Enge trieben, werden zu Meilensteinen unseres Wachstums. Schon bei ihrem Erscheinen lösen die Hindernisse einen inneren Alarm aus, der uns weckt und zu einer Erforschung der Störung aufruft. Sie erinnern uns daran, wie schnell wir uns verlieren können. Und sie zeigen uns, wie klar und leicht unser Leben sein kann, wenn wir achtsam sind.

Geben

Die größte Gabe ist das Geben selbst. Die Tradition spricht von drei Arten des Gebens. Um eine armselige Gabe handelt es sich, wenn wir nur mit einer Hand geben und lange an unserem Geschenk festhalten. Hier geben wir nur den geringsten Teil unserer Habe und fragen uns anschließend noch, ob das wirklich notwendig war.

Eine andere Art des Gebens wird „wohlwollendes“ Geben genannt und ist von Großzügigkeit geprägt. Wir teilen, was wir besitzen, weil wir dies für recht und billig halten. Eine solche Gabe ist lauter und klar.

Die dritte Art nennt man „königliches“ Geben. Hier verschenken wir das Wertvollste unserer Habe, auch wenn für uns selbst nichts mehr übrig bleibt. Wir geben aus der reinen Intuition innerer Güte. Wir halten uns nur für die einstweiligen Hüter dessen, was wir austeilen und wissen, daß wir im Grunde nichts besitzen. Hier gibt es keine Gabe, kein Geschenk mehr, sondern nur noch jene Weiträumigkeit, in der alles in seinem natürlichen Fluß bleiben kann.

Diesen drei Arten des Gebens sind wir alle in unserem Leben sicherlich schon begegnet, sei es aktiv oder auf der passiven Seite. Wir alle kennen das Gefühl, sich von einem Geschenk fast nicht trennen zu können und die Erwartung einer dankbaren Reaktion damit zu verknüpfen: „Mit diesem Geschenk habe ich mir doch hoffentlich Zuneigung verdient.“ Wir verhaften uns daran, der Gebende zu sein. Allzu segensreich ist solches Geben nicht.

Bei manchen unserer Gaben fühlten wir auch, daß es richtig sei, etwas in andere Hände übergehen, es einfach durch uns hindurchfließen zu lassen. Diese Art des Gebens beseelt Menschen, die wir als Heiler/innen bezeichnen. Sie halten an nichts fest - die Lebensenergie strömt durch sie hindurch. Es gibt niemanden, der heilt, es gibt nur das heilende Geschehen. Dies ist das königliche Geben.

Allgemeiner gesagt, bemerken wir während des inneren Reifeprozesses, daß unser Geben, unser Miteinanderteilen aus einer freimütigen, aufrichtigen Haltung entspringt. Dies ist ein gutes Gefühl. Wir nähern uns jener Art von Freundschaft, jener Liebe, die unser Wachstum nährt.

Schon für sich allein kann das Geben zu einer völlig eigenständigen Praxis werden. Es ist möglich, sich einer Art fortwährenden Gebens zu öffnen, bei der man nichts zurückhält und selbst Zorn und Angst hingegeben werden. Dieses Geben ist es auch, das wir in unsere Praxis einfließen lassen, das wir pflegen, wenn wir unsere Aufmerksamkeit an den Atem verschenken. Dieses Geben beflügelt den Geist zu innerer Weite. Es ist einfach ein Loslassen, ein Nichtverhaften, das nichts für sich selbst beansprucht.

Das Wundervollste, was wir verschenken können, sind wir selbst. Wir lösen uns von uns selbst, so daß wir unser Sein in jedem Augenblick von neuem erleben können, als wäre es ein Geschenk. Wenn wir alles, was uns zuteil wird, als Geschenk, als eine Art Gnade betrachten, dann können wir uns selbst verschenken, halten an nichts fest, lassen unbekümmert los. Wir verzichten auf den denkenden Geist, wir verzichten auf den Körper. All dies kann sich in den Fluten des vorüberziehenden Stromes auflösen. Alles erfahren wir, und alles geben wir auf.

Wenn wir meditieren, stehen wir oft armselig da, denn wir geben uns selbst nicht hin. Wir halten uns zurück, sträuben uns gegen bestimmte Geisteszustände, reichen uns die innere Arbeit mit der einen Hand zu und halten sie mit der anderen von uns fern. Unablässig überprüfen wir unsere Tätigkeit, taxieren unsere Identität, nehmen Bewertungen vor. Doch im Laufe unseres Erwachens lernen wir mehr und mehr, uns selbst hinzugeben.

Und indem wir uns mehr und mehr an uns selbst verschenken,

geben wir uns auch anderen hin. Wir schaffen gewissermaßen eine Atmosphäre, die es ihnen leicht macht, sie selbst zu sein. Wir sind nicht jemand, dem gegenüber sie sich auf eine bestimmte Weise zu verhalten hätten. Wir sind ein offener Raum, halten an nichts fest und geben alles hin.

Buddha sagte, daß jemand, der den Wert des Gebens wirklich erkannt habe, jeden Bissen seiner Nahrung mit anderen teilen würde. Freigebigkeit hat eine so machtvolle Wirkung, daß sich alle Dumpfheit des Geistes verflüchtigt und selbst seine düstersten Winkel hell erleuchtet werden. Sie schafft eine geistige Offenheit, die zum Loslassen ermutigt und Weisheit erwachen läßt. Unbegrenzte Großzügigkeit macht den Geist frei, wach und aufnahmefähig.

Und während uns die Praxis der Geduld und Selbstlosigkeit innerlich weiter öffnet, gelingt es uns schrittweise, uns selbst hinzugeben und von den Barrieren zu lösen, die unsere Einsicht, unsere direkte Teilhabe am Lebensstrom blockieren.

Mit dem Herzen sehen

Es bereitet dem Geist erhebliche Mühe, seine eigene Tätigkeit zu ergründen. Er denkt nach, doch durch Nachdenken über ein Geschehen können wir die Wahrheit nicht entschleiern. Könnte uns das Denken den Zugang zur Wahrheit öffnen, so wären wir alle mittlerweile von tiefer Weisheit erfüllt, denn wir haben das Reich der Gedanken bis ins letzte ausgeschöpft: Wir haben ausgiebig darüber nachgedacht, wer wir sind, was wir tun und wie wir es tun.

Die Zähigkeit und Selbsttäuschung des Geistes lassen sich am klarsten erkennen, wenn man sie mit dem Herzen sieht. Das Herz kennt keine Bezeichnungen oder Beeinflussungen, es läßt einfach zu. Es ist offen für jene geduldige, urteilsfreie, unverhaftete Anerkennung der Gedanken, welche die Wahrheit zuläßt. Wenn wir die Geistesinhalte aus der liebevollen Weite des Herzens heraus betrachten, verstricken wir uns nicht im Bemühen des Geistes, die Wirklichkeit zu verdrehen und ihr Erscheinungsbild durch ständiges Kommentieren und Rationalisieren zu verändern. Das Herz nimmt alles viel leichter und einfacher. Wenn wir den Geist mit dem Geist bekämpfen wollen, entfachen wir seine Aktivität nur noch mehr. Der denkende Geist wandelt die ganze Welt in Gedanken um.

Wir sind es gewohnt, die Welt mit unserem rationalen Geist beherrschen zu wollen und ihm auch die Kontrolle über uns selbst einzuräumen. Aber wir können uns nicht von ihm kontrollieren lassen, ohne dabei unsere Ganzheit einzubüßen. Ist es jemals einem Menschen gelungen, den Geist mit seinen eigenen Waffen zu schlagen? Nur Angst und Erbitterung haben uns erfüllt, und unser wahres Selbst haben wir verdrängt. Wir haben uns verboten zu *zeigen*, daß wir ängstlich oder einsam sind, doch dies hat die Einsamkeit nicht vertrieben. Es schließt den Schmerz nur unsichtbar in uns ein und macht ihn unzugänglich für unsere Bereitschaft, ihn loszulassen.

Wenn wir mit dem Herzen sehen - aus seiner Offenheit heraus - betrachten wir die Dinge in einem Raum des Mitgefühls, der den Geist als natürlichen Prozeß anerkennt und selbst auf die Bewertung von Zorn, Eifersucht oder Neid verzichtet. Für das Herz spielt es kaum eine Rolle, welche Persönlichkeit wir uns selbst oder der Welt präsentieren. Er lauscht der Lehre, die der Augenblick uns bietet. Das Herz hat für alles Raum.

Wer eine Spannung zwischen Praktiken empfindet, bei denen es zum einen - wie bei der Achtsamkeitsmeditation - hauptsächlich um den Geist, und zum anderen - wie bei einer Andachtsmeditation - hauptsächlich um das Herz zu gehen scheint, wird entdecken, daß wir im tiefen Erfahren des augenblicklichen Geschehens der wirkenden Kräfte des ganzen Universums gewahr sind. So erkennen wir, daß sich die Begriffe „Herz“ und „Geist“ zwar als brauchbare Beschreibungen eignen, aber auch zu einer starken Verengung unserer Einsicht führen können, wenn sie zu starren Konzepten werden, die das Schubladendenken verstärken. Wenn der Geist seine Konzepte fallenläßt, ist er dem Herzen gleich. Dann gibt es weder Herz noch Geist, sondern allein unser grenzenloses, natürliches Sein.

Schritte zum Erwachen

Um den Prozeß des Erwachens besser zu verstehen, können wir eine Frucht an einem Baum betrachten. Bis zu ihrer Reife vergeht viel Zeit, verstreichen viele Tage, doch irgendwann einmal ist sie herangereift und fällt vom Baum.

Während wir allmählich erwachen, bemerken wir, daß sich bestimmte geistige Qualitäten in uns entwickeln. Vielleicht bemerken wir, daß das Gefühl der Unwürdigkeit, des Selbstzweifels schwindet, daß wir eine tiefere Ebene des Seins erfahren, auf der wir uns nicht mehr so sehr in das tägliche Melodram verstricken. Wir stellen fest, daß eine Reihe negativer Gefühle wie Angst und Unsicherheit, mit denen wir uns lange Zeit identifiziert haben, bei zunehmender Bewußtseinsklarheit ihren bestimmenden Einfluß verlieren.

Ein Freund, der sich jahrelang einer devotionalen Praxis gewidmet hatte, sagte im Hinblick auf seine ersten Erfahrungen mit der Achtsamkeitsmeditation: „Ich glaube, mein Weg hat sich verändert." Darauf konnte ich wirklich nur erwidern, daß sich der Weg nicht verändert. Der Weg ist immer das Herz, nur die Methoden wechseln.

Mein Freund meinte, er sei weniger an einer Methode interessiert, die auf ein allmähliches Erwachen ausgerichtet sei, sondern wolle eine blitzartige Erleuchtung, die ihn mit einem einzigen Schlag ans Ziel brächte. Dies erinnerte mich an die Geschichte jenes Zen-Mönches, der in Jahren unermüdlicher Praxis um Erleuchtung gerungen hatte. Tag für Tag hatte er auf dieses Ziel hingearbeitet.

Als er eines Tages im Klostergarten Erde umgrub, schleuderte sein Spaten einen Kieselstein in die Luft, der gegen den Bambuszaun des Gartens prallte und ein dumpfes, knackendes Geräusch erzeugte. Als er diesen Laut vernahm, vertiefte sich schlagartig seine Einsicht in die Natur der Dinge, so daß er augenblicklich erleuchtet wurde. Ja, war dies nun ein plötzliches Erwachen - oder doch eher die Frucht eines schrittweisen Erwachens? Zweifellos hatte er schon manches Steinchen gehört, das gegen einen Bambusstengel prallte, aber er war noch nicht reif gewesen. Es sind all jene einem solchen Ereignis vorausgehenden Momente, die den Grad unserer Fähigkeit bestimmen, die Tiefe der darauf folgenden Augenblicke völlig in uns aufzunehmen. Jeder Augenblick könnte uns erleuchten, wenn wir nur seine Totalität, seine Vielfalt, seine Einfachheit erfassen könnten. Offenbar dauert es eine Weile, bis wir unsere Sinne so weit geläutert haben, bis wir uns der Konditionierungen, der Modelle und Auffassungen so weit entleert haben, daß wir nur noch hören, nur noch sehen und in der Tiefe dieser Wahrnehmung die ganze Wirklichkeit der Welt begreifen können.

Allmähliches und plötzliches Erwachen bilden also keineswegs einen Gegensatz. Ramakrishna gebrauchte das Bild einer frisch aufgelesenen Nuß. Ist ihre Schale noch grün, läßt sie sich auch durch die Bearbeitung mit einem Stein kaum sprengen. Sobald diese Nuß aber reif ist, genügt ein leichter Druck, und ihre Schale springt auf. So vollzieht sich auch das schrittweise Erwachen, an dem wir alle teilhaben: Sind wir herangereift, fällt die Schale von uns ab, und mit ihr löst sich auch die Unwissenheit, das eingebildete Ich samt all seiner Masken von uns ab. Nun sind wir frei, den Geist der Weisheit direkt zu erfahren.

Eine Analogie zu diesem Prozeß des Erwachens und der Reife bietet uns auch die klassische tibetische Kunstform des Mandalas. Mandalas sind komplizierte, kreisförmige Malereien, die wir indes auch als Darstellungen dreidimensionaler Labyrinthe betrachten können. Während wir uns auf das Zentrum des Mandalas zubewegen, erheben wir uns zugleich. Da wir normalerweise zweidimensional denken, glauben wir, daß wir nur ins Zentrum zu springen brauchten und so mit einem Schlag erwachen würden. Wir übersehen den Raum der dritten Dimension, das schrittweise

Emporsteigen, den Reifeprozeß, der sich überall zugleich vollzieht.

Wenn wir im Leben über lange Zeit hinweg immer wieder auf dasselbe Problem stoßen, denken wir oft, daß wir vielleicht etwas blauäugig gewesen seien, überhaupt an so etwas wie ein Erwachen zu glauben. „Ich komme mit meinen Eltern einfach nicht klar“ - „Der Abwasch geht mir jedesmal auf die Nerven“ - „Ich komme nicht vom Rauchen los“ - und so weiter. Wir meinen, daß wir noch genauso fest schlafen wie früher. „Da stehe ich nun, immer noch überfordert, immer noch unsicher, immer noch verwirrt - und eine Lösung ist nicht in Sicht.“ Wir erkennen nicht, daß sich durchaus etwas entwickelt hat - nämlich das Gewahrsein unserer mißlichen Lage.

Zuvor waren wir in unser Problem einfach nur verstrickt, jetzt aber wird uns bewußt, daß wir an ihm arbeiten müssen. Das ist Erwachen. Wenn wir uns der Verstrickung nicht gewahr sind, existiert auch kein Ausweg. Sobald wir wissen, daß wir gefangen sind, arbeiten wir schon an unserer Befreiung. Indem wir uns selbst vertrauen und der Schritte zum Erwachen gewahr werden - nicht, indem wir sie messen, abwägen oder examinieren, sondern indem wir wirklich erleben, wie wir ohne Wegmarkierungen weiterkommen - gewinnen wir auf dem Pfad mehr und mehr Sicherheit.

Man könnte die Meditationspraxis mit einem Tanz auf dem Drahtseil vergleichen. Wir müssen Energien, Gewahrsein und Konzentration ausbalancieren, müssen die Erfordernisse des Augenblicks im Gleichgewicht halten. In einem achtlosen Augenblick kippen wir vom Seil und finden uns auf einem anderen Drahtseil wieder. Wir fallen von Moment zu Moment. Wir entdecken, daß es tatsächlich nur einen einzigen Moment gibt - und dieser Moment ist *jetzt*. Unser Erwachen bringt uns der Erfahrung der Totalität dieses Augenblicks näher.

Einer der letzten großen Meditationsmeister Chinas erreichte das Alter von 120 Jahren und starb in den 50er Jahren. Im Verlauf seiner Lehrzeit hatte er sich jeweils zehn Jahre lang auf einen einzigen Aspekt der Praxis konzentriert. Zehn Jahre lang wanderte er um einen Berg herum, zehn Jahre lang arbeitete er mit einem Mantra. Als er im Alter von 70 Jahren zu lehren begann, bezeichnete er die Geduld als den „lange dauernden Geist“. Er sagte, wir sollten praktizieren, als stünden uns weitere neunundneunzig Leben für die Vollendung unserer Arbeit zur Verfügung - und dennoch keinen einzigen Moment verschwenden. Mit anderen Worten, wir haben das ganze Leben, um unsere Arbeit zu schaffen, aber keinen Augenblick dieses Lebens sollten wir unbemerkt verstreichen lassen.

Wenn wir mit der Arbeit an uns selbst beginnen, neigen wir dazu, bestimmte mentale Qualitäten zu bewerten oder das Gefühl zu entwickeln, daß wir nicht so weiterkommen, wie wir es uns vorgestellt haben. Anfangs bedarf es großer Anstrengung, um stetige Konzentration zu entwickeln und die Bewußtheit zu vertiefen, doch daneben kann ein Bemühen um sich greifen, das unseren Fortschritt eher hemmt, da es Erwartungen produziert. Erwartungen bilden den Gegensatz zur Geduld. Erwartung heißt, darauf zu warten, daß etwas geschieht - es ist kein geduldiges Warten. Wahre Geduld manifestiert sich als unverhaftete Offenheit für alles Kommende. Sie äußert sich in einer stillen Bereitschaft, präsent zu sein und das Erwachen aus sich heraus geschehen zu lassen.

Während unser Bemühen zu jener geduldigen Entschlossenheit heranreift, in der wir unsere Energie der inneren Arbeit widmen, ohne nach Resultaten zu streben, offenbart sich uns das Universum allmählich ganz von selbst.

Der Erleuchtung eine Falle stellen

Manchmal meditieren wir mit solchem Eifer, daß wir die Wahrheit aus den Augen verlieren. Wir sind so beschäftigt mit praktischen Methoden, mit der Jagd auf das Licht, daß all unser Tun unsere natürliche Weisheit blockiert. Erleuchtung ist gleichbedeutend mit der Fähigkeit, einfach präsent zu sein, ohne jede weitere Verhaftung im Augenblick zu leben, all unser Dasein genau hier, genau jetzt zu erfahren.

Wir sitzen eine Stunde lang in der Meditation, aber welchen Teil dieser Stunde *sitzen* wir wirklich? Wie oft denken wir über die Art und Weise unseres Sitzens nach? Wie lange verlieren wir uns im denkenden Geist? Häufig ist es sehr schwierig, einfach zu sitzen, einfach zu *sein.* Fast während unseres ganzen Lebens wurden wir darin bestärkt, uns mit irgendwelchen Fragen, Plänen und Strategien zu beschäftigen.

Vielleicht sollten wir alle praktischen Methoden und alle Antworten auf unsere Fragen einmal beiseite lassen, damit wir mit unserer Arbeit weiterkommen. Innere Klarheit erreichen wir weniger durch praktische Methoden als vielmehr durch das Loslassen der Auffassung, sie käme in irgendeiner Weise von außen - was uns anhand der Erkenntnis klar wird, daß wir schon in uns tragen, was wir suchen. Selbst der wandernde Geist verfügt, sofern wir ihn ohne das Verlangen nach einer Änderung betrachten, über den Schlüssel zu großer Weisheit, denn er gibt exakt wieder, wer wir in diesem Augenblick sind. Jemand anders brauchen wir nicht zu sein.

Wenn wir den reinen Augenblick erleben, kennen wir die Wahrheit, und diese Wahrheit ist in jenem Augenblick praktikabel und sinnvoll. Doch wir halten nicht an ihr fest, denn diese Wahrheit ist die Wahrheit jenes Augenblicks. Zu einer anderen Zeit ist sie vielleicht ein Hindernis. So sind auch Methoden Wahrheiten für den Augenblick, nützliche Werkzeuge, die wir anschließend zur Seite legen. Methoden können ein Mittel sein, um die Fesseln der Konditionierung zu durchtrennen, sie können aber auch zu einer zusätzlichen Bürde werden. Methoden gleichen einem Dorn, mit dessen Hilfe wir einen anderen Dorn aus der Haut ziehen. Wenn dieser Dorn entfernt ist, werfen wir beide Dorne weg. Alle Methoden, alle profunden Antworten auf all unsere profunden Fragen sind Reflexionen des Augenblicks, die als solche zu erkennen und schließlich wieder loszulassen sind.

Wir können uns einer einzigen Praxis durchaus fest verpflichten, ohne zu verhärten oder der Voreingenommenheit zu unterliegen. Indem wir dem inneren Gefühl für die Erfordernisse vertrauen, können wir eine tiefe Verbindung zu der Quelle aufrechterhalten, die wir suchen. Das Vertrauen in die Buddhanatur, in das Herz Christi, in die Essenz eines jeden Pfades, dem wir folgen, erlaubt uns sogar gelegentliche Irrtümer. Unser Anspruch, immer „recht" zu haben, blockiert die Wahrheit enorm. Er hält uns von jener Offenheit fern, die aus dem Vertrauen in unsere natürliche Weisheit kommt.

Der Zenmeister Suzuki Roshi spricht vom Zustand der „Erleuchtung vor der Erleuchtung", der eintritt, wenn volle Achtsamkeit erreicht ist, wenn wir uns nicht mehr alle möglichen Umstände wünschen - nur nicht die, die tatsächlich vorhanden sind. Es ist ein gradliniger, gelassener Zustand reiner Betrachtung des gegenwärtigen Augenblicks.

Wenn wir uns einer Methode zum Erreichen innerer Klarheit bedienen, halten wir oft am Konzept eines erleuchteten oder nicht erleuchteten Geistes fest. Noch sind wir von unserer Ganzheit getrennt, noch weichen wir dem Augenblick aus. Erleuchtung ist noch keine Erleuchtung. Erleuchtung ist ein Wort. Einer der Faktoren, die einer wie auch immer gearteten Erleuchtung im Wege stehen, ist unser Durst nach der Erfüllung unserer Wunschvorstellung von Erleuchtung. Erleuchtung kann zur mächtigsten Ursache leidvoller Erfahrungen werden, denn sie ist unser stärkstes Verlangen. Sie ist unser größtes Vakuum, der wesentlichste Anlaß unseres Seufzers „Ach, wenn doch nur. . .". Erleuchtung ist Freiheit, der Gedanke an sie ist Gefangenschaft. Die Wahrheit existiert im Augenblick. Sobald wir uns woanders hinwenden und außerhalb des Augenblicks suchen, sind wir gefangen.

Ich glaubte einmal, daß höchste Erfahrungen ein Zeichen inneren Fortschritts seien. Ich machte irgendeine neue Erfahrung, und einige Zeit später blitzte eine weitere Einsicht in mir auf, und ich dachte: „Oh, das ist wirklich ein gutes Zeichen, ich komme voran!" Dann kam die Erfahrung des Schwebens, weiterhin eine intensive Lichterfahrung - und jedesmal dachte ich: „Ah, jetzt kommt es!" Doch der Weg führte immer weiter, und während mit dem „unübertrefflichen Reich der Weisheit" und der „totalen Ichlosigkeit" eine Erfahrung der anderen folgte, sagte ich mir: „Oh Mann, jetzt kann es nicht mehr weit sein!" Und doch ging es immer weiter. Da begann ich meinen Irrtum einzusehen, daß es mit ein paar Dutzend Erfahrungen getan wäre, daß ich dann am Ziel sei und mich rund um die Uhr in reiner Bewußtheit räkeln könne. Offensichtlich gibt es Hunderte und Aberhunderte dieser sogenannten „höchsten Erfahrungen". Und sie alle sind nichts weiter als Erfahrungen.

Einer meiner Freunde war eine Weile in Indien gewesen und hatte einige außergewöhnliche Bewußtseinserfahrungen gemacht, was seinen Meditationslehrer dazu veranlaßte, einen großen Wirbel um ihn zu veranstalten. Kurz nachdem er in die USA zurückgekehrt war, suchte er einen bekannten koreanischen Zenmeister auf. Dieser fragte ihn, wie er mit seiner Meditationspraxis vorankäme. Nicht ohne Stolz erzählte mein Freund von seinen erstaunlichen Visionen und Einsichten, und er schilderte, in welche Tiefen er während der Meditation vorgedrungen sei. Der koreanische Meister sah sich suchend im Raum um, hielt einen Moment inne und fragte dann: „Und wo sind diese Erfahrungen jetzt?"

Der Wert tiefer Erfahrungen liegt in der Läuterung, in der Ergründung dessen, was im Augenblick geschieht. Aber die Verhaftung an irgendeiner Erfahrung im Sinne eines erreichten Ziels oder einer begriffenen Wahrheit lenkt die Aufmerksamkeit von der Realität des nächsten Augenblicks ab.

Wie also können wir auf Erleuchtung hinarbeiten, ohne der Verhaftung des Verlangens zu unterliegen? Bedauerlicherweise benutzen wir das Wort „Verlangen“ zur Beschreibung zweier höchst gegensätzlicher mentaler Haltungen. Da ist das „Verlangen“, mit dem wir uns heftig nach Erleuchtung sehnen und vielleicht auch die Zufriedenheit eines bequemeren Lebens suchen, und auf der anderen Seite gibt es das „Verlangen“ nach der Befreiung aller Wesen von ihrem Leid, nach einer friedvollen Welt. Es gibt das Verlangen nach innerer Läuterung, welches essentiell einer „Motivation“ zur Vollendung gleichkommt. Hier sind wir offenherzig, sind bereit, etwas zu empfangen - und streben nicht danach, die Ersten zu sein, die mit einer Anhäufung universaler Weisheit glänzen können. Das Verlangen nach Freiheit birgt tiefe Freude, denn es bringt uns unserem natürlichen Zustand näher. Das Verlangen nach der Befreiung von realen Gegebenheiten schafft tiefes Leid.

Niemand, der erleuchtet werden will, wird jemals Erleuchtung finden, denn dieser Jemand ist genau die Illusion, von der uns die Erleuchtung befreit. Der Wunsch, erleuchtet zu werden, gleicht dem Ego, das seinem eigenen Begräbnis beiwohnen möchte. Das eingebildete Selbst verkennt in seinem Streben, Erleuchtung zu besitzen, daß es Selbstmord begeht, denn gerade die Auflösung dieses isolierten „Ich“ ist es, welche der Erfahrung unserer allumfassenden Natur den Weg bereitet.

Es ist ein schrittweises Erwachen, und doch - selbst wenn uns dies klar ist - bemerken wir zuweilen, daß unsere Konditionierung einen Moment tiefen Friedens oder klarer Einsicht erhaschen möchte, fast wie ein Fisch, der aus dem Wasser springt, um nach einer Fliege zu schnappen. Wir können uns noch so oft in Erinnerung rufen, daß das Streben nach höchsten Erfahrungen müßig ist, weil auch sie nur Teil des vorüberziehenden Schauspiels sind - nichtsdestoweniger klammert sich der konditionierte Geist immer wieder an die Hoffnung, daß er etwas anderes sei als er ist. Dabei ist es nur diese Verklammerung, dieses beständige Werden, das den Geist unerleuchtet erscheinen läßt. Wenn keinerlei Verhaftungen mehr bestehen - das ist der Punkt. Das ist der Ur-Geist, die Essenz des Geistes. Längst rein und klar. Längst von Licht erfüllt. Wenn wir dies auch nur für eine Millisekunde erfahren, kommt die Welt zum Stillstand, und jedes Bedürfnis schwindet, irgendetwas anderes zu erleben als die Perfektion des Augenblicks.

Wir alle wissen mehr, als wir wissen. Das Tor zur Weisheit steht weiter offen als wir glauben. Nur mißtrauen wir unserer Vision, weil wir meinen, nicht erleuchtet zu sein. Einer meiner Freunde sagte immer: „Geh' einfach mal 'raus und tue so, als wärst Du erleuchtet. Wenn Du das nur lange genug machst - naja, wer weiß...!“ Statt dessen aber geben wir vor, *nicht* erleuchtet zu sein.

„Nicht erleuchtet“ und „erleuchtet“ sind einfach nur Gedanken. Beim Beobachten des Geistes erkennen wir, wie oberflächlich das Denken ist, denn der Gedankenstrom formuliert sich meist nur in Worten. Auf einer tieferen Ebene jedoch gibt es eine geistige Strömung, die wir erleben können, wenn wir uns nicht mehr auf Worte stützen, sondern einfach nur erfahren. Auf dieser Ebene erleben wir einen Drang, den man fast als ein „Heimweh nach Gott“ bezeichnen könnte, eine ekstatische Sehnsucht nach Heimkehr, nach Rückkehr zur Quelle, nach Vollendung. Dies ist die unkonditionierte Unendlichkeit jenseits des Geistes, das reine, ungeteilte Sein.

Kopflastigkeit

Das Wort „Geist“ hat vielerlei Bedeutung. Grundsätzlich bezeichnet es den menschlichen Wahrnehmungsmechanismus, doch was wir normalerweise meinen, wenn wir „Geist“* sagen, ist der gedankliche, rationale Bewußtseinsdialog, das innere „Ich bin“, der Ego-Geist. Dieser „Geist“ ist jedoch nur Bestandteil einer höheren Intelligenz, die weit über das hinausgeht, was wir den Intellekt nennen.

Der Geist intuitiver Weisheit umfaßt tiefere Ebenen des Seins. Gewöhnlich identifizieren wir uns nur mit dem denkenden Geist, widmen ihm eine übersteigerte Aufmerksamkeit und assoziieren mit ihm die gesamte Realität. Doch läßt sich diese Realität keinesfalls auf der gedanklichen Ebene wahrnehmen. Stets empfangen wir subtile Impulse einer geistigen Weisheit, die wir als Intuitionen betrachten. Wir erfahren ein tieferes Wissen. Wenn sich der Verstand diese subtilen Botschaften nicht erklären kann, neigt er dazu, sie anzuzweifeln. Was er nicht einordnen kann, läßt er nicht gelten. Natürlich *kann* er auch nicht alles einordnen, weil er selbst nicht alles umfaßt.

Die Einsichten, die aus dem Geist der Weisheit emporsteigen, erlebt man oft als plötzliche, wortlose Erkenntnisse der Wirklichkeit. Diese Geistesebene ist nicht an jene Art „Wissen“ gebunden, das die Realität in die Falle der Konzepte und Begriffe lockt. Sie vermag

* Anders als im deutschen Sprachgebrauch konturiert der englische Begriff *mind* eher die rationalen bzw. emotionalen Faktoren des geistigen Geschehens als das Prinzip eines allseitig transzendierenden Bewußtseins [Anm. d. Übers.].

reines Sein zu erfahren. Bei Spaziergängen im Wald erlebte ich mich manchmal nur als unmittelbare Erfahrung des Seins. Allein die Berührung meiner Füße mit der Erde war Realität. Wenn mein Blick zu einem Baum wanderte, gab es nichts als das Sehen - nur diese Realität. Ein Vogel sang - einfach Hören. Der Duft einer Zeder - einfach Riechen. Es ist schwierig, diese Präzision, diese kristallene Klarheit zu beschreiben. Alles zeichnete sich im Augenblick ab. Selbst der Gedanke „Ah, sieh mal, alles zeichnet sich im Augenblick ab" war eine silhouettenhafte Klarheit des Augenblicks. Alles war einzig so, wie es war. Es existierte nur in diesem Augenblick direkter Wahrnehmung. Es war an keinen zurückliegenden Ausgangspunkt oder Zusammenhang gebunden - was nicht heißen soll, daß die Erinnerung ausgelöscht war. Diese Gegenwart bedurfte jedoch keiner Erinnerung und keines wie auch immer gearteten Denkens. Auch zielte sie nicht auf den nächsten Augenblick. Es gab kein Verlangen nach irgendeiner Änderung. Solche Erfahrungen kann man schwer in Worte fassen, denn sie spielen sich auf Ebenen ab, wo es keine Sprache gibt.

Indem wir uns schrittweise von unserer völligen Abhängigkeit vom Verstand lösen, lassen wir auch davon ab, das Meditieren zu erlernen - wir meditieren einfach. Nun meldet sich natürlich der vernunftbegabte Geist: „Na gut, ich lasse die rationale Ebene los, aber ich muß wissen, wie das geht. Bitte bringe es doch dieser Geistesebene bei, wie man meditiert. Dann kann sie sich selbst überschreiten." Willig verarbeitet der Geist die Instruktionen und präsentiert sich als perfekter Diener: „Schön, ich werde den Atem beobachten, um Konzentration zu entwickeln."

„Und was soll ich machen, wenn mein Geist abschweift?"

„Ah ja, ich kehre immer wieder zum Atem zurück, stimmt's?"

„Gut, soweit alles klar."

„Und was ist, wenn mein Knie zu schmerzen beginnt?"

„Na schön."

„Was mache ich aber, wenn die Energie nicht im Gleichgewicht ist?"

„Oh, das ist eine gute Idee!"

„Übrigens, was ist eigentlich Erleuchtung?"

„Ach, tut mir leid, danke."

So geht das Lernen immer weiter. Darauf versteht sich der

rationale Geist bestens: technisches Know-how anzusammeln und anzuwenden - wie man Auto fährt, wie man eine Landkarte interpretiert, wie man ein Buch liest, wie man eine Wunde verbindet, wie man das Meditieren lernt. Diese Geistesebene ist zum Lernen und Anwenden des Gelernten auf den Überlebenskampf inmitten dieser komplexen Welt von Nutzen. Sie ist ein gutes Werkzeug, ein guter Diener. Doch allzu oft entpuppt sie sich auch als schrecklicher Despot.

Als Herr und Meister wird sie zu einer Instanz, die sich alles aneignen will, indem sie es einordnet, indem sie darüber nachdenkt, statt es direkt zu erfahren. Dies ist das innere „Ich bin", der Ego-Geist. Er erschafft ein isoliertes Universum nachträglicher Reflexionen und verkündet: „Ich sehe, ich schmecke, ich berühre." Doch es ist einfach nur das Leben, welches schmeckt, berührt, *da ist.* Das Ego ist eine Fiktion, eine Ausgeburt des denkenden Geistes, der sich selbst in den Mittelpunkt zu stellen versucht, als besäße er einen festen, stabilen, unveränderlichen Kern. Wo ist das Zentrum des Geistes? Offenbar sind wir ein unbegrenzter, unendlich weiter Raum - also existiert auch kein Zentrum.

Es gibt nichts, von dem wir sagen könnten: „Das bin ich." „Das bin ich" ist auch nur ein flüchtiger Gedanke. Mag das Ich bei seelischen Veränderungen auch ein brauchbarer Bezugspunkt sein - wo sonst noch läßt sich letztlich ein Ich festmachen? Der rationale Geist indes behauptet: „Auch wenn Du kein festes, isoliertes Selbst finden kannst, es gibt eines." Er argumentiert häufig irrational.

Wenn manche Menschen die relative Natur des denkenden Geistes allmählich erkennen, fordern sie: „Der Geist muß vernichtet werden, er ist mein Feind." Wer hier spricht, ist niemand anders als der Geist selbst. Mache den „Geist" nicht zum Feind. Der Geist *ist* die Meditation.

Wenn wir das Kommen und Gehen der Gedanken, der Gefühle, der Sinnesempfindungen und Erinnerungen mit einem Geist betrachten, der nichts an sich reißen und in seine Ordnung zwängen will, stehen wir einer tieferen Einsicht offen - nur darauf kommt es wirklich an. Der Geist wird seine Kraft auf sehr freie Weise sammeln. Er muß sich in keiner Weise verhärten oder versteifen.

Wir müssen nicht mittels des Geistes analysieren, wo wir stehen. Einfaches Gewahrsein läßt es uns erfahren. Die Analyse fragt: „Wer bin ich jetzt? Wie ist es dazu gekommen? Wo liegen die Ursachen?“ Manchmal versucht der Geist auch, seine Gedankengänge zurückzuverfolgen, um zu rekonstruieren, wie er einen bestimmten Punkt erreicht hat. Das ist interessant, doch letztlich auch nur Gedankenspiel. Ja, es sind gerade diese interessanten Beschäftigungen, die uns schon so lange auf unserem Karussell festhalten - Runde für Runde.

Ein alter chinesischer Fluch lautet: „Mögest Du in einer interessanten Zeit geboren werden.“ Wenn wir nämlich in einer interessanten Zeit zur Welt kommen, wird unsere Aufmerksamkeit von äußeren Reizen gefangen, und wir kommen niemals zur wirklichen Arbeit, zur Entdeckung unserer natürlichen Weisheit. Es ist wahrhaftig ein Fluch, außerhalb unser selbst in mentalen Formen verloren zu sein. Wir ziehen immer neue Runden durch die Welt, verfolgen all die äußeren Melodramen, all die Formen, die der Geist zwar projiziert, doch nur selten als seine eigene Traumwelt erkennt. Tatsächlich ist das ganze Universum Geist. Um als Form zu erscheinen, muß es in jenen Prozeß eintreten, den wir wiederum Geist nennen. Ohne diesen konditionierten, denkenden Geist aber sind die Dinge einfach so, wie sie sind: ohne Interpretation und ohne Bewertung. Sie sind reine „Istheit“, ohne einen Namen, ohne ein „Ich“, das daran haftet, sie zu „kennen“.

Hinter all diesen Formen und Träumen des denkenden Geistes liegt eine universale Natur, eine geistige Essenz, die völlig rein ist und frei von jeder karmischen Ansammlung. Sie ist der Geist, den das Denken noch nicht in Milliarden Vorstellungen und Wünsche zersplittert hat, ein reiner, offener, von allen Verlockungen und Abneigungen freier Raum. Ihre einzige Eigenart könnte man vielleicht als „Soheit“ bezeichnen, als eine Offenheit, in der alle Form ihren Ursprung hat.

Diese Soheit existiert aus sich selbst, ihr Dasein hängt von keinerlei Bedingungen ab. Sie ist die klare Essenz, deren direkte Erfahrung uns erkennen läßt, daß Gewahrsein in reinem Sein besteht. Daß wir nicht mit den Inhalten des Geistes identisch sind. Daß es jenseits des Geistes etwas gibt, das jedes rationale Begreifen übersteigt. Daß weder der Gedanke an ein „Ich“, an einen „Körper“

oder „Geist“ noch irgendein anderer Gedanke das ist, was wir sind.

Manche Zen-Traditionen nennen dies den Einen Geist, denn er ist allen Wesen gemeinsam. Er ist eine unbegrenzte Wirklichkeit, die in jedem von uns existiert. Er ist der Ur-Geist jenseits aller Relativität von Raum und Zeit - der Geist, den noch kein Denken trübt, in dem das Universum noch gestaltlos ist.

Eine geleitete Meditation der liebevollen Güte

(Man kann sie still in sich aufnehmen oder einem Partner vorlesen.)

Wähle eine Haltung, in der Du eine Weile ruhig sitzen kannst, ohne steif zu werden oder Dich zu verkrampfen. Entspanne Dich einfach im Körper.

Die Atemzüge kommen und gehen ganz von selbst.

Reflektiere nun über das Gefühl, das der Zorn in Dir hervorruft. Vergegenwärtige Dir das Feuer des Zorns in Körper und Geist. Die Trennung, die er bewirkt - die Isolation und die Einsamkeit - den Schmerz.

Der Zorn kommt aus dem Schmerz und kehrt zum Schmerz zurück.

Fast immer möchte der Zorn sein Objekt, die Person oder Sache, auf die er sich richtet, kränken oder verletzen.

Spüre in Körper und Geist, welcher Aufruhr, welches Leid Dich ergriffen hat. Das Herz hat sich verschlossen und gegen die Welt verbarrikadiert. Es ist isoliert.

Reflektiere über die Schmerzhaftigkeit, über die Absonderung, die der Zorn, der Neid, die Eifersucht bedeuten.

Spüre das Feuer des Zorns mit all seiner Anspannung, seiner Einsamkeit, seiner Isolation. Buddha verglich den Zorn mit dem Griff nach einem glühenden Stück Kohle, das unsere eigene Hand versengt, bevor wir es auf jemanden schleudern können.

Reflektiere nun über den Gegenpol des Zorns, nämlich über den Wesenszug liebevoller Wärme und Geduld, der uns Raum zum

Dasein, zur Entfaltung gibt. Fühle, wie der Zorn versiegt, wie sich die Knoten lösen und in der Weite jener liebevollen Geduld zerfließen.

Mit jedem Atemzug strömt Wärme in Dich ein und Geduld aus Dir hervor. Die Wärme, die Du einatmest, wird beim langsamen Ausatmen zur Geduld. Wärme und Geduld. Die Wärme nährt und sättigt Dich, läßt Dich wachsen. Die Geduld erfüllt all diese Weite, diesen Raum des Daseins.

Fühle, wie das Feuer von der Offenheit des Herzens ausgelöscht wird. Alle Verhärtung hat sich gelöst. Nur Wärme und Geduld.

Laß es nun zu, daß diese Wärme und Geduld Vergebung in Dir wachrufen. Vergegenwärtige Dir zuerst jene Menschen, die Dir in der Vergangenheit Leid zugefügt haben mögen, sei es wissentlich oder unwissentlich. Sende ihnen Vergebung zu. Ganz sanft und leicht. Ohne Spannung oder Druck. Laß diese alten Schleier des Grolls fallen.

Stelle Dir eine Person vor, die Dir in irgendeiner Weise Leid zugefügt hat, und sage im stillen zu Dir selbst: „Ich vergebe allen, die mir durch Gedanken, Worte oder Taten einmal Leid zugefügt haben - sei es absichtlich oder unabsichtlich." Vergib ihnen, so gut Du kannst.

Wenn noch ein Unwille in Dir zurückbleibt, dann akzeptiere ihn. Laß ihn nach und nach im Licht der Vergebung zerrinnen. Gestehe es Dir zu, Vergebung zu gewähren. Löse Dich von dem Stolz, der noch am Unwillen hängt. „Ich vergebe Dir." Laß einfach los.

Die Kraft der Vergebung ist gewaltig. Die Kraft, die Vergebung zulassen kann.

Wende Dich jetzt denen zu, die durch Dich selbst Leid erfahren haben. Bitte sie um Vergebung. Nicht aus einem Schuldgefühl, sondern aus dem Verständnis heraus, daß wir Fehltritte nicht vermeiden können, daß wir alle auf einem Auge blind sind. Gib jede Selbstverurteilung auf.

Sage so, wie es Deinem Gefühl entspricht, im stillen zu Dir selbst: „Ich bitte all jene um Vergebung, denen ich - beabsichtigt oder unbeabsichtigt - durch meine Gedanken, Worte oder Taten Schmerz zugefügt habe."

Laß alle Strenge von Dir abfallen, die das Herz verschließt.

Gestatte es Dir nun selbst, Vergebung zu empfangen. Die Verhärtung in Brust, Körper und Geist ist nur ein Widerstreben. Gib es auf. Löse Dich vom Groll gegen Dich selbst. Vergib Dir selbst. Sage zu Dir selbst: „Ich vergebe Dir."

Schaffe Dir Raum in Deinem eigenen Herzen. „Ich vergebe mir selbst alles Leid, das ich verursacht habe, auch wenn es ohne Absicht geschah."

Sprich Dich mit Deinem eigenen Namen an und sage zu Dir selbst: „Ich vergebe Dir."

Nimm Dich sanft in Deinem eigenen Herzen auf. Sanft und ruhig. Übereile nichts. Es ist ein Geschenk an Dich selbst. Öffne Dich der Vergebung Deines eigenen Herzens.

Gib Dir Raum. Hülle Dich ganz in Vergebung und Hingabe ein.

Umfange Dich selbst in diesem weitherzigen Gefühl liebevoller Güte und wiederhole innerlich mit Deinen eigenen Worten: „Möge ich glücklich sein. Möge ich frei sein von Leid. Möge ich von meinen Ängsten, Spannungen und Sorgen befreit werden. Möge ich Heilung und Frieden finden."

„Mögen Leid, Spannung, Zorn und Isolation in mir aufhören. Mögen Ängste, Versteckspiele und Zweifel ein Ende haben. Möge ich glücklich sein." Schenke Dir Deine eigene Liebe.

„Möge ich glücklich sein. Möge ich mich von allem lösen, was mir Schmerz bereitet." Gewähre Dir Deinen eigenen Segen.

Sage aus tiefem Empfinden zu Dir selbst: „Ich liebe Dich." Gebrauche auch Deinen Namen, wenn Du willst. „Ich liebe Dich."

„Möge ich frei sein von Leid. Möge ich Lebensfreude finden. Möge ich voller Liebe sein. Möge ich zum Licht heimkehren. Möge ich Frieden finden."

Richte nun diese Liebe auf jemanden, für den Du tiefe Zuneigung empfindest - einen Lehrer, einen Freund, eine Freundin oder eine Person, die Du gern hast. Führe Dir dieses Wesen vor Augen und sage im stillen zu ihm: „Mögest Du glücklich sein. Mögest Du kein Leid mehr erfahren."

„Liebe(r) Freund(in), mögest Du zu Deiner Ganzheit, Deiner Vollendung gelangen. Mögest Du frei sein von Zorn, Eifersucht, Spannung und Furcht. Möge Dir Glück beschieden sein. Mögest Du frei sein von Leid."

„Mögest Du zu Deiner wahren Freude, zu Deiner Erfüllung

finden. Mögest Du frei sein von allem Leid." Konzentriere Deinen Segen auf diesen geliebten Menschen.

Vergegenwärtige Dir nun ein weiteres Wesen, das Du in Dein Herz geschlossen hast und mit Deinen guten Wünschen begleitest. Mache Dir ein möglichst klares, einfaches Bild von ihm und sende ihm Dein Wohlwollen zu. Kleide es in Deine eigenen Worte. „Das Glück, das ich mir wünsche, möge auch Dir zuteil werden. Mögest Du glücklich sein und frei von Leid. Mögen Deine Spannungen, Deine Herzensqualen ein Ende finden. Möge sich Deine Lebensfreude vertiefen. Mögest Du frei sein von Leid."

Laß diese Liebe auf alle ausstrahlen, die in dem Hause weilen, in dem Du meditierst. Erfülle den Raum mit Deiner Liebe, mit Deiner Fürsorge. Nimm den ganzen Raum und all diese Menschen in Deinem Herzen auf. „Möge uns allen Glück beschieden sein." Denke auch an Dich selbst. Auch Du bist eines dieser wundervollen Wesen.

Laß Deine liebevolle Güte auf alle Menschen ausstrahlen. „Mögen wir alle frei sein von Leid. Mögen wir alle glücklich sein. Mögen wir alle den Weg ins Licht finden. Mögen wir uns von allen Hindernissen lösen, all unser Leid ablegen und unser vollkommenes Wesen erfahren. Mögen wir alle frei sein von Leid. Mögen wir glücklich sein. Frei."

Dehne Deine Liebe immer weiter aus.

Über das ganze Land.

Über den ganzen Kontinent.

Öffne Dein Herz der ganzen Welt. „Mögen alle Wesen glücklich sein. Mögen alle Wesen klaren Geistes sein. Mögen sich ihre Herzen öffnen. Mögen sie frei sein von allem Leid." Schließe allmählich den ganzen Planeten in Deine liebevolle Güte ein. Breite Deine Liebe langsam und sanft über alle Wesen aus, wo sie auch sein mögen.

„Mögen alle fühlenden Wesen frei sein von Leid. Mögen sie sich selbst in ihrem Herzen aufnehmen. Mögen sie zu ihrem Glück finden. Mögen sie die Freude ihres wahren Selbst entdecken. Alle Wesen, wo sie auch leben mögen."

„Mögen alle Wesen von Licht umgeben sein. Frei. Jenseits aller Schmerzen. Mögen alle Wesen in ihrer gegenseitigen Fürsorge Heilung finden. Mögen all unsere Wunden, all unsere Leiden in der

Kraft unserer Liebe zu uns selbst und allen anderen heilen. Mögen wir einander lieben."

Verweile nun einfach im Licht dieser Liebe, in dieser Fürsorge für Dich selbst und alle anderen. Bemühe Dich nicht, etwas zu tun. *Sei* einfach. In der Liebe. Im Licht.

„Mögen alle Wesen an dieser Offenheit teilhaben. Mögen alle diese Weiträumigkeit, diese Weite des Herzens erfahren."

„Ich teile den Segen dieser Meditation mit allen fühlenden Wesen, wo sie auch sein mögen. Mögen sie niemals Herzenswärme und Geduld in ihrem Leben vermissen. Mögen alle Wesen Selbstvergebung erfahren. Mögen wir lernen, einfach zu *sein*, jetzt, in diesem Augenblick. Ohne Erwartungen. Mit offenem Herzen. Hand in Hand - soweit es uns möglich ist."

„Mögen alle Wesen glücklich sein. Mögen alle Wesen frei sein von Leid. Mögen alle Wesen glücklich sein. Mögen wir alle frei sein. Mögen wir alle zu unserer Vollkommenheit heimfinden."

Liebevolle Güte (Metta)

In der Achtsamkeitsmeditation bestärken wir die begriffliche Ebene des Geistes nicht, vielmehr beobachten wir sie lediglich. Wir betrachten sie einfach als begriffliche, ordnende Instanz. Die Meditation liebevoller Güte jedoch richtet sich durchaus auf diesen konzeptionellen Aspekt. Gerade hier haben wir eigentlich die Möglichkeit, aus dieser Ebene tiefgreifenden Nutzen zu ziehen. Indem wir sie mit liebevoller Güte erfüllen, läutern wir sie.

Diese Meditation schöpft den an Begriffen, Gedanken und Worten orientierten Geistesbezirk so sinnvoll wie möglich aus. Wir bilden eine geistige Fähigkeit aus. Eine solche Entwicklung könnte sich auf jedes Wesensmerkmal beziehen. Wir könnten Neid entwickeln, und wir könnten Zorn entwickeln. Übung macht in jedem Fall den Meister: das Praktizieren von Neid oder Zorn führt zur Neubildung neidvoller oder zorniger Gefühle, während die Hinwendung zur Liebe wiederum liebevolle Gedanken im Geiste erweckt.

In diesem Fall wird liebevolle Güte einerseits durch das Erkennen der hitzigen Empfindungen des Zorns und andererseits durch das Erfahren einer von Herzenswärme und Geduld ausgelösten Offenheit und Ruhe gefördert. Indem wir der Bezirke des Unwillens und Schuldbewußtseins gewahr werden und uns aus der Isolation von anderen und von unserem tiefsten Selbst lösen, strahlen wir mit Worten wie „Möge ich glücklich sein; möge ich frei sein von Leid“ liebevolle Gefühle auf uns selbst und schließlich auch auf alle anderen Wesen aus. Möglicherweise kommen uns diese Worte anfangs ein wenig mechanisch vor - eben nur als Worte. Vielleicht mischen sich auch Gefühle der Unwürdigkeit mit ein: „Ach, das ist ja Selbstverwöhnung, Flucht vor der Verantwortung." Wenn wir uns selbst zum ersten Mal Liebe entgegenzubringen versuchen, unterliegen wir häufig der Vorstellung, keine Liebe zu verdienen. Das rationale Ego bringt zahlreiche Argumente vor, die uns diese Meditation verleiden sollen. Solche Argumente ergeben sich aus Konditionierungen, die man äußerst sorgfältig beobachten sollte. Sie warnen uns nämlich vor zahlreichen Umständen, die uns für die Vollkommenheit, für die Faszination des Lebens blind machen - vor all dem, was uns gegenüber unserer eigenen Schönheit abstumpft und uns suggeriert, wir seien tatsächlich nichts wert, der Weg zur Erleuchtung sei uns verbaut und eine Weiterentwicklung sei bei unserem verkorksten Wesen auch gar nicht möglich. Auf einer bestimmten mentalen Ebene sind diese Gedanken immer wieder in Gang gehalten und gefördert worden. Nun aber entwickeln wir etwas, das an ihre Stelle treten kann und eine weit machtvollere Art von Bewußtheit hervorbringt als jene negativen Strukturen. Es ersetzt sie auf dem Wege sanfter Beharrlichkeit und Zuversicht.

Zu Anfang verhält sich jene wankende Selbstkritik und Selbstverleugnung wie festgebackene Ackerkrume, die fast undurchdringlich erscheint, durch die Vermischung mit Wasser und einigen Nährstoffen jedoch zur Grundlage intensiven Wachstums wird. Wir lernen, uns selbst mit Herzenswärme und Geduld zu begegnen und diese Eigenschaften weiterzuentwickeln. Diese positiven Wesenszüge können weniger heilsame Kräfte auf ganz natürliche Weise ersetzen.

Eine der Möglichkeiten, liebevolle Güte zu entwickeln, ist die Besinnung auf unsere eigenen positiven Eigenschaften. Ich habe schon mit Menschen gearbeitet, die von sich sagten: „Positive Eigenschaften habe ich nicht; ich kann wirklich nichts Schönes an mir entdecken."

Und ich sage: „Das ist bestimmt eine große Last, wenn man das Gefühl hat, nicht geliebt oder liebenswert zu sein."

„Oh ja, es ist wirklich schlimm, niemanden lieben zu können - und sich selbst erst recht nicht."

„Es muß viele Menschen geben, denen es so geht."

„Ja, und solche Gefühle sind schrecklich für die Leute. Sie sind so einsam, so abgeschnitten von den anderen."

Hier tritt also das tiefe Mitempfinden zutage, das diese Person für die menschliche Situation aufbringt. Sie spricht so liebevoll von sich selbst, weil sie sich der Sorge um die Vereinsamung der anderen bewußt wurde, zu der sie früher keinen Zugang gefunden hatte. Nun ist sie auf jemanden gestoßen, der sich in einer Notlage befindet, und dieser Jemand ist sie zufällig selbst. Jetzt kann sie Gefühle des Wohlwollens auf jenen Raum in sich selbst ausstrahlen, der sich so sehr nach Ganzheit sehnt. Und genau auf diese Weise wird Meditation vollzogen. Wir verströmen Liebe auf jenes Wesen, das der Liebe entbehrt, und strahlen diese liebevolle Energie schließlich auf alle fühlenden Wesen aus.

Als ich mich erstmals mit dieser Praxis beschäftigte und - beispielsweise angesichts meines Ärgers bei einem persönlichen Streit - meiner eigenen Betroffenheit gewahr wurde, begann ich meinem Gegenüber innerlich liebevolle Güte zuzusenden, fest überzeugt, ihn damit zu beschwichtigen und mein eigenes hohes Meditationsniveau unter Beweis zu stellen. Und dennoch war ich zornig - es war mein eigenes Leid, dem ich gegenüberstand. Ich selbst war derjenige, der liebevoller Güte bedurfte. So lernte ich, daß ich erst einmal Liebe zu mir selbst entwickeln mußte, bevor ich mich einer anderen Person öffnen konnte. Liebevolle Gefühle auf jemanden auszustrahlen, über den ich mich ärgerte, war nur ein „Egotrip", der zu weiterer Entfremdung führte. Dem anderen tat ich damit keinen Gefallen; ich spürte nur allzu deutlich den subtilen Beigeschmack der Überheblichkeit und Selbstgefälligkeit in meinem Verhalten. Als ich jedoch in meinem Herzen Raum für mich selbst schaffen konnte, war ich imstande, meine Verärgerung oder Frustration zu akzeptieren, ohne mich von ihr bedroht zu fühlen. Ich konnte ihr den Freiraum geben, den sie zu ihrer Auflösung brauchte. Und dies gab auch der anderen Person die Freiheit, sich von ihrem Zorn zu lösen. Wir müssen erst eins mit unserem eigenen Herzen sein, bevor wir anderen Liebe schenken können.

Die Kraft liebevoller Güte ist so gewaltig, daß jemand, dem wir sie konzentriert zusenden, sie in ruhiger Verfassung ganz deutlich wahrnehmen kann. Es ist eine fühlbare, aber subtile Energie, die bewußt gesteuert werden kann und dem Wesen fürsorglicher Achtsamkeit, dem Grundelement jeder Heilung, überaus ähnlich ist.

Während wir unser Herz im Verlaufe unserer Meditationspraxis mehr und mehr öffnen, beginnen wir die unbeschreibliche Kraft jener Liebe wirklich zu erfahren. Und wir erkennen, wie schwer es uns all unsere eingebildeten Unwürdigkeitsgefühle und Ängste, all unsere Zweifel und Verlangen machen, immer Liebe zu empfinden. Noch schwerer fällt es uns aber, ganz ohne Liebe zu leben.

Die Hölle loslassen

Manchmal vollziehen sich unsere Sitzungen in einer geradezu himmlischen Klarheit und Ruhe. Zu anderen Zeiten hingegen scheint innere Stille kaum einkehren zu wollen. Der Geist ist in ständiger Bewegung und springt von einer Identifikation zur nächsten. Scheinbar gehen wir im Feuer des Geistes völlig verloren. Und wir tendieren dazu, dies sehr ernst zu nehmen und eine Meditation entweder für gut oder für schlecht zu halten. Vielleicht aber übersehen wir dabei, welche Kraft eine „schlechte Meditation" entfalten kann, welche Läuterung mit der Enthüllung des umherschweifenden, aufgewühlten oder ruhelosen Geistes einhergeht. Schon das schlichte Erkennen seines realen Vorhandenseins läßt uns einen beträchtlichen Einfluß auf jenen Geisteszustand gewinnen. Einen Einfluß im Sinne der Fähigkeit, sich nicht von ihm vereinnahmen zu lassen, der Fähigkeit, loszulassen und jene ausgleichende Kraft zu entfalten, die den karmischen Anstoß kompensiert, der sein Erscheinen überhaupt bewirkte.

Wenn jemand sagt: „Oh, das läuft alles bestens - meine Sitzungen sind einfach exzellent, es ist einfach toll, ich könnte den ganzen Tag so sitzen", dann frage ich mich im stillen, ob sich diese Person wirklich ganz und gar ihrer selbst bewußt ist. Es ist recht einfach, sich in jenen angenehmen, himmlischen Räumen und Zuständen zu verlieren, die sich mit zunehmender Konzentration eröffnen - in dieser Stille, in diesem Licht und diesem Frieden zu versinken, die sich in einem ruhigen Geist ausbreiten. In solchen Momenten findet der Geist Heilung, und dieses Gefühl ist sehr wohltuend.

Manchmal jedoch steht uns die für eine stetige Konzentration notwendige Energie nicht zur Verfügung; Ablenkungen stören den Geist und verhindern, daß die Konzentration aufrechterhalten oder mit der Energie ausbalanciert werden kann. Das Gewahrsein ist zu unbeständig, als daß sich eine entspannte Erkenntnis vollziehen könnte. Wenn ich also höre, daß beileibe nicht jede Sitzung „toll" verläuft, dann registriere ich erleichtert, daß die meditierende Person damit die Chance erhält, auch in unangenehmen Zuständen wach zu bleiben und die Wunschträume des Geistes zu beobachten. Denn das ist der Geist, der neues Karma erzeugt. Es ist die sehnsuchtsvolle Mentalität, die uns von Körper zu Körper, von Inkarnation zu Inkarnation treibt. Es ist das Verlangen, irgendwohin auszuweichen, den Lauf der Dinge nicht wahrzuhaben.

Solange der Geist zufrieden ist oder sich zufriedenstellen läßt, wird uns jene Sehnsucht kaum bewußt. Wahrscheinlich bemerken wir nicht einmal unsere Gier nach Erleuchtung, unseren Hunger nach höheren Zuständen, unsere Versklavung an ein Konzept der Befreiung - das Leid, welches der Sehnsucht innewohnt, das Leben möge anders sein, als es ist.

Gerade unsere „schlechten Trips", unsere höllischen Erfahrungen sind oft die produktivsten und fruchtbarsten. Wenn wir uns bei unserer Sitzung nicht wohlfühlen, wenn wir keine Ruhe und geistige Balance finden, weil unsere Stirn zum Tummelplatz einer Fliege geworden ist, mögen wir trotz fortlaufender Vertiefung unserer Praxis den Eindruck gewinnen, als meditierten wir zum ersten Mal in unserem Leben. Wenn wir den Körper dann aber entspannen und einfach präsent sein können, erkennen wir deutlich die Spannung, die uns in den dunklen Traum zurückziehen will, und das Loslassen fällt uns nicht schwer. Wenn Du die Hölle akzeptierst, ist sie keine Hölle mehr. Die Hölle ist das Widerstreben. Leid ist Widerstand gegen das, was ist - Leid ist das Nicht-Annehmenwollen.

Wir erleben bei unserer Beobachtung von Geist und Körper viele Formen dieser Hölle. Und hier begegnen wir auch den Dämonen unserer Ungeduld, unserer Habgier, unserer Unwissenheit - den Dämonen unserer Verhaftung an der Vorstellung, daß da jemand ist, der erleuchtet wird. Ja, wir lernen sogar die Dämonen unserer Verhaftung an innerer Klarheit und Erkenntnis kennen, die es uns nach einer guten Sitzung oder einem gelungenen Tag so schwer machen, uns mit dem Gehetze, dem Lärm und Streß unseres wechselvollen Lebens abzufinden. Die Dämonen stecken nicht im Lärm. Sie stecken in unserem Widerwillen gegen den Lärm. Die Dämonen bestehen nicht in der Ungeduld; sie bestehen in unserer Verhaftung an ihr, in unserer Aversion gegen sie, in unserer Ungeduld mit der Ungeduld.

Wenn Du Dein Unbehagen akzeptieren kannst, entsteht Raum für ein geistiges Gleichgewicht. Dieses Sichüberlassen, dieses Loslassen des Verlangens nach einem anderen Verlauf des gegenwärtigen Augenblicks ist es, was uns von der Hölle befreit. Das Erkennen des mentalen Widerstrebens, der geistigen Versteifung, der Interesselosigkeit, der Unruhe - *dies* ist die Meditation. Oft denken wir: „Ich kann nicht meditieren, ich finde keine Ruhe - ich kann nicht meditieren, ich fühle mich abgestumpft - ich kann nicht meditieren, eine Fliege sitzt auf meiner Nase." Das ist bereits die Meditation. Meditation bedeutet nicht, sich im Licht aufzulösen. Meditation bedeutet, *alles* zu erkennen, was wir sind.

Solange Du einem Geisteszustand vor einem anderen den Vorzug gibst, schaffst Du Dir eine Hölle. Deshalb setzen wir uns hin und sagen: „Das ist meine Unruhe", und betrachten sie als den alten Dämon. Es ist nichts Schreckliches, einfach nur der Dämon. Die Kraft der Praxis liegt darin, die Fessel der Verhaftung an diesem Zustand zu durchtrennen. Vorhandene Unruhe muß nicht unser Gegner sein. Erst wenn wir den Gedanken „ich bin unruhig" mit ihr verknüpfen, wir sie zu einem Problem. Denn wir haben sie zu unserem Problem gemacht. Unruhe ist einfach ein Teil unseres Wesens, und erst unsere Identifikation mit ihr läßt sie zu „unserer" Unruhe werden.

Von einem Zen-Meister stammt der Ausspruch: „Wenn Du so denkst, ist es so; wenn Du nicht so denkst, ist es nicht so." Wenn wir die Dämonen für real halten und wichtig nehmen, dann sind sie real und wichtig für uns. Wenn wir denken, daß die Dämonen nur Nebelfetzen sind, können wir sie mühelos fortblasen. Sogar der Buddha kann, wenn wir ihn für wirklicher als alles andere halten und uns an die Vorstellung klammern, ein Buddha zu sein oder nicht zu sein, zu einem Dämon werden, zu einem Hindernis für das natürliche Licht.

Wenn wir erkennen, daß außer dem Fluß nichts existiert, wenn wir selbst zu diesem Fluß werden und einfach da sind - ohne „jemand" zu sein, der beobachtet, ohne Identität, ohne Namen - gibt es weder einen Dämonen noch einen Buddha, sondern nur noch das Sosein der Dinge in ihrer ureigenen Perfektion. Wir entdecken: Solange wir irgendeinen Teil unser selbst nicht akzeptieren, kommen wir nicht von der Hölle los und werden alle Phänomene durchleben, die uns mit Freude und Schmerz hypnotisieren - alle Ich-Vorstellungen, alle Identifikationen mit einem Körper, mit sinnlichen Wahrnehmungen und Bewußtseinszuständen. Diese Erscheinungen können nicht klar erkannt werden, solange wir nicht in völliger Selbstbejahung und Anteilnahme alles so akzeptieren, wie es ist. Wie oft bestand unsere Hölle schon in dem Gedanken: „Ach, wie gut, daß niemand weiß, was ich denke." Und doch bietet sich uns gerade in einem solchen Augenblick die Gelegenheit, zu verstehen, wie wir uns in der Welt manifestieren, was die innere Welt von der äußeren trennt, was Himmel und Hölle entstehen läßt. Wenn Du Gedanken einfach betrachten, das Denken loslassen und sanft und urteilslos zum Atem, zum Augenblick zurückkehren kannst - dann ist dies der Moment, in dem innere und äußere Welt verschmelzen.

Wenn wir in diesen Fluß eintauchen, wenn die Mythen des Ego allmählich zerrinnen und diffuser werden, durchfährt uns möglicherweise ein Schrecken. Wir meinen, uns im leeren Raum aufzulösen, und fragen uns: „Also, was *ist* denn nun los? Was ist wirklich? Ich wollte mein Ego ablegen, ich wollte meine Isolation verlassen, ich wollte mein Herz öffnen - aber jetzt habe ich Angst, daß niemand mehr da ist, der alles irgendwie kontrolliert. Was soll ich jetzt machen? Alles ist außer Kontrolle geraten." Dabei ist der Fluß nun keineswegs etwa dem reinen Zufall überlassen; er liegt nur nicht mehr in der Reichweite eines imaginären „Ich". Statt dessen wird er zur perfekten Entfaltung der komplexen Prinzipien von Ursache und Wirkung, des karmischen Gesetzes.

Indem wir versuchen, das Unkontrollierbare zu kontrollieren, erschaffen wir die Hölle. Und hier setzt die Furcht des Ego ein, wenn es zu erlöschen beginnt. Das Ego beteuert: „Nein, ich existiere!“ Aber die Identitäten und Eigenschaften, die wir uns angedichtet hatten, sind nicht die Realität, und das ist ziemlich erschreckend. Es ist eine neue Erfahrung reiner „Ist-heit“. Wir sehen Emotionen erscheinen und durch das Nichts treiben; wir erinnern uns, daß dieses Nichts das ist, was wir sind. Wir erleben, wie ein Gedanke dieses Nichts durchquert, und wundern uns, was da eigentlich vor sich geht - aber diese Verwunderung erweist sich auch nur als eine weitere Seifenblase, die den weiten Raum durchschwebt, den wir immer für das solide, kostbare Ich gehalten haben. Begierig stürzen wir uns auf alles, was stabil erscheint, kramen alte Zweifel und Ängste hervor und schaffen uns einen Dämon, der uns versichern soll, daß wir real sind. Das Ego sagt: „Ich kann unmöglich loslassen, ich existiere wirklich - ich kann mich einfach nicht täuschen.“ Die Zweifel drängen den Fluß, die Weisheit und die Nichtverhaftung beiseite, welche die Hölle verscheuchen könnten.

Wir meinen, daß die Hölle dort sei, wo wir die Dinge nicht mehr unter Kontrolle haben. Doch wenn wir die Offenheit und Ruhe des natürlichen Flusses erfahren, werden alle Gedanken und Gefühle gleichermaßen in diesem Prozeß aufgelöst, und wir werden von der Identifikation befreit, die einen dem Leid ausgesetzten „Jemand“ produziert. Die Hölle verblaßt einfach zu einer jener flüchtigen Vorstellungen, die nicht mehr oder weniger Realität besitzt, als wir ihr beimessen.

Freude, Leid und Glück

Für den zweckmäßigen Umgang mit Leid und Schmerz gibt es verschiedene Möglichkeiten, die uns zudem einen Einblick in die innige Wechselbeziehung von Geist und Körper verschaffen. Wir können beobachten, wie körperlicher Schmerz auf unseren Geisteszustand einwirkt, bestimmte Gedanken hervorruft. Der Körper beeinflußt den Geist ebenso wie der Geist den Körper: Wie gewisse Stimmungen sich in unserer Körperhaltung widerspiegeln, so ruft ein körperliches Befinden eine bestimmte Geistesverfassung hervor.

Beim Beobachten des Schmerzes entdecken wir zuerst einmal, daß wir ihm Widerstand leisten. Wir registrieren zum einen die körperliche Empfindung, die wir Schmerz nennen, und zum anderen eine mentale Reaktion, die in einer Aversion gegen dieses Unbehagen besteht. Es ist das Verlangen, den gegenwärtigen Zustand gegen einen anderen einzutauschen. Vielleicht kann man seelisches Leid tatsächlich nicht klarer beschreiben als auf diese Weise: Wir wünschen uns aus dem Augenblick heraus. Die Sehnsucht nach einer Änderung der gegenwärtigen Umstände ist das eigentliche Wesen des Leidens.

Fast nie erfahren wir den Schmerzes direkt, denn unsere Reaktion auf ihn erfolgt so unmittelbar, daß der größte Teil dessen, was wir als Schmerz bezeichnen, in unserem Widerstand gegen dieses Phänomen besteht. Und dieser Widerstand ist gewöhnlich noch schmerzhafter als die zugrundeliegende Empfindung. In gleicher Weise erleben wir auch unsere Müdigkeit, unsere Langeweile oder unsere Ängste - wir nehmen nicht die reine Erfahrung wahr, sondern unsere Gegenwehr.

Die Erfahrung dieser Geisteszustände wird von unserer Konditionierung überdeckt. Das reine Fühlen des eigentlichen Geschehens bleibt uns zumeist verborgen, denn unser konditioniertes Widerstreben schaltet sich sofort ein und verstärkt die Aversion noch weiter. Deshalb werden jene mentalen Zustände kaum einmal in unsere Ganzheit einbezogen und bringen so den Fluß zum Stocken. Oft erleben wir Zustände, die jede Hingabe vereiteln und uns durch die automatisch einsetzende Gegenreaktion abrupt in einen Schlaf versetzen. Wirklicher Umgang mit körperlichem Schmerz ist ein überaus geeigneter Weg zu unserer Befreiung von dieser gewohnheitsmäßigen Reaktion auf unwillkommene Zustände.

Wenn wir diese Widerstände, diese aufschießenden Gedanken und Fluchtreflexe erst einmal loslassen, können sie zum Gegenstand reiner Beobachtung werden und sich in einem weiten, ruhigen Geist entfalten. In dieser inneren Stille werden die Gedanken des Widerstrebens zärtlich vom Geist umfangen, uns so kann sich schließlich auch im Bereich der Schmerzen Entspannung ausbreiten.

Wenn wir Schmerzen im Knie verspüren, machen wir diesen Empfindungsbereich ganz weich. Wir leiten unsere ungeteilte Aufmerksamkeit direkt auf die Entspannung dieses schmerzenden Bezirkes. Der körperliche Schmerz verursacht einen Geisteszustand, der sich zur Abwehr des Unbehagens verhärtet, und diese Anspannung des Widerwillens steigert ihrerseits den körperlichen Druck. So entsteht zwischen Körper und Geist ein regelrechter „Pingpong-Effekt“, bei dem sich mentale und körperliche Spannung gegenseitig aufschaukeln. Die Spannung umklammert den Schmerz wie eine Faust, verdichtet ihn, und dies wiederum löst noch stärkeren Widerstand aus. Eine weitere Hülle des Schmerzes hält den Schmerz umschlossen.

Sobald wir uns aber in dem Empfindungsbereich entspannen, löst sich auch die Spannung im Gewirr der begleitenden Gedanken. Wir lassen den Schmerz existieren. Wir erkennen ihn an und kehren damit unser normales Verhalten fast völlig um. Anstatt dem Schmerz auszuweichen, dringen wir in ihn ein. Konzentrierten und forschenden Geistes bewegen wir uns direkt in den schmerzenden Bereich hinein. Und wenn wir den Schmerz durchdringen und uns vom Widerstand lösen, entdecken wir, daß der Schmerz kein einzelner, monotoner Laserstrahl, sondern eine gestaltlose Masse veränderlicher Empfindungen ist. Er konzentriert sich nicht in einem zentralen Knoten, sondern wandert in diesem Bereich umher und läßt sich eigentlich gar nicht auf einen einzelnen Punkt fixieren. Er setzt sich aus vielfältigen Empfindungen zusammen.

Wenn das konzentrierte Gewahrsein in einen solchen Bereich eintritt und ihn so bestehen läßt, wie er ist, dann beginnen wir jene vielgestaltigen Empfindungen als gesonderte Ereignisse wahrzunehmen. Wir fühlen, wie sie hin und herströmen. Wenn sich der geistige Widerstand auflöst, verflüchtigt sich auch das Konzept „Schmerz“, und wir können ihn einfach als reine Empfindung erleben. Oft können wir in einen Bezirk eindringen, in dem nichts anderes als vielfältige Empfindungen spürbar sind, die sich beispielsweise in einem nicht einmal als unangenehm empfundenen Prickeln äußern.

Natürlich werden uns nicht alle Arten des Schmerzes solch eine weiträumige Handhabung ermöglichen. Manche Schmerzen sind so heftig, daß sie den Geist völlig beanspruchen. Wenn dies geschieht, verfolgen wir, wie die Aufmerksamkeit wieder in der Identifikation mit dem Schmerz verschwindet, und beobachten die von unserem konditionierten Verhalten hervorgerufene Aversion.

Unsere Reaktion auf einen etwa im Knie auftretenden Schmerz versinnbildlicht auch, wie wir auf fast alle schmerzvollen Faktoren in unserem Leben reagieren. Wir wollen ihnen ausweichen, wollen uns ablenken und mit diesen Widrigkeiten nichts zu tun haben. Und hierdurch stärken wir ihre mentale Macht, uns immer wieder aus der Bahn zu werfen.

Wenn uns unerfreuliche Zustände nicht mehr gefangennehmen können, sind wir der Freiheit ein Stück näher. Dies mag damit zusammenhängen, daß wir Freude oder Vergnügen zumeist mit Glück verwechseln. Normalerweise suchen wir das Vergnügen und weichen vor Leid zurück. Bei genauer Betrachtung aber wird uns klar, daß uns dieses Vergnügen nicht glücklich macht. Es ist eben nur ein Vergnügen, die vorübergehende Befriedigung eines Verlangens. Glück jedoch umfaßt eine tiefere Zufriedenheit, ein

Gefühl der Ganzheit, des Nicht-Notwendigseins.

Der Kern der Vergnügungssuche ist Begehrlichkeit, ein Befriedigungsstreben, ein Leben im Vakuum, das uns zu ständiger Jagd nach freudespendenden Objekten antreibt und fortwährend nach Strohhalmen greifen läßt. Wahrscheinlich ist das Vergnügungsstreben die wesentlichste Ursache unseres Leidens. Bei genauem Studium des Geistes wird uns bewußt, daß unserem Bedürfnis, unserem Verlangen nach einem Objekt ein Gefühl der Unzufriedenheit, der Anspannung, der Enttäuschung innewohnt.

Interessanterweise läßt sich beobachten, daß echte Zufriedenheit auch im Falle eines befriedigten Verlangens nur in dem Moment aufkommt, in dem sich der Wechsel vom Nichthaben zum Haben vollzieht. Einmal eingetreten, hat sich die Befriedigung schon wieder erschöpft. Der Prozeß der Befriedigung des Verlangens beruht nicht auf dem Besitz des erstrebten Objektes, sondern auf dem Erlöschen des Leidensdruckes, der an das Verlangen gekoppelt ist. Es ist nicht der Besitz einer Sache, der aus sich heraus die Voraussetzung zur Befriedigung schafft. Unsere Erfahrung des Vergnügens gründet zum großen Teil auf der Überwindung des Unbehagens, das im Verlangen schlummert. Ist das Verlangen erloschen und das Objekt zur Hand, erhebt sich wiederum der schmerzvolle Wunsch, es zu behalten, es nicht zu beschädigen oder gar zu zerstören.

Der Umschwung vom Nichthaben zum Haben bildet die prägnanteste Erfahrung, die unser Wunschmechanismus uns bieten kann. Nicht etwa im Objekt selbst, sondern in diesem Umschwung liegt die Befriedigung. Die Suche nach Vergnügen ist jedoch keine Suche nach dem Glück. Das Glück suchen wir, wenn wir den Geist, das Verlangen selbst erhellen und ans Licht bringen wollen. Hin und wieder mag die Meditation durchaus nicht vergnüglich sein, doch letzlich stärkt sie unser Glück, weil sie unser essentielles Wesen offenlegt und uns schließlich in unserer Vollkommenheit Ruhe finden läßt. Diese Weiträumigkeit des Nichtverlangens ist das Glück.

Wir dürfen aber nicht übersehen, daß selbst auf den Pfaden, die wir als spirituell bezeichnen, dieselben Elemente existieren, welche unser weltliches Leben erschweren - nämlich unsere Schwäche und Vorliebe für angenehme Zustände wie auch unsere Aversion gegen unerfreuliche. Die Wahrnehmung friedvoller Zustände ist bei weitem reizvoller als die Erkenntnis unser Habgier oder Selbstsucht. Konzentration wird nicht zuletzt deshalb als so positiv empfunden, weil die mit den Hindernissen einhergehenden Begierden in der inneren Stille regelrecht untergehen. Von tiefer Stille läßt sich der ruhelose Geist nur zu leicht verführen. Die von der Konzentration erzeugte geistige Kraft und Intensität läßt den Blockaden nicht viel Spielraum.

Verhaftung an dieser Stille kann durchaus zu einem Problem werden. Der Geist, bislang kaum einmal zur Ruhe gekommen, klammert sich förmlich an die tiefe Freude dieses inneren Friedens. Es ist wunderschön, das Licht einzuschalten und aus dem Körper zu schweben, all die körperlichen und seelischen Schmerzen hinter sich zu lassen und in der Seligkeit oder Stille zu schwimmen. Doch die Verhaftung an solchen Zuständen ist schon eine subtile Form der Unzufriedenheit. Wenn sich im Geist nichts bewegt, bietet sich auch keine Gelegenheit, unserer Fesseln gewahr zu werden.

Es gibt eine Übung, die man das „Durchsitzen des Schmerzes" nennt, doch ich glaube nicht, daß irgendeine Notwendigkeit zu einer solchen Praxis besteht. Diese spezielle Übung birgt die Gefahr, eine Menge Ego zu produzieren. „*Ich* habe alle Schmerzen durchgesessen." Wenn wir einen Belastungstest daraus machen, schaffen wir nur wieder einen erduldenden „Jemand" und verdichten damit unseren Widerstand wie auch unseren Schmerz noch weiter. Indessen erscheint es manchmal so, als würden uns schmerzvolle Angelegenheiten schneller erwecken als alles Licht und alle Seligkeit. Es ist einfach, sich in einem Glücksgefühl zum Schlaf auszustrecken, aber es ist nicht leicht, mit dem Schmerzgefühl des verletzten Knies oder unter der Last gehässiger, neidvoller, desorientierter Empfindungen Schlaf zu finden. Wenn wir lernen, unseren Schmerz sinnvoll einzusetzen, ohne einen Belastungstest daraus zu machen, treten uns die Schwierigkeiten sehr klar vor Augen; sie machen uns wach und erinnern uns daran, wie leicht wir uns in unserer Konditionierung verlieren.

So lernen wir, uns nicht einmal an unseren Schmerz zu klammern. Kurioserweise fällt es uns oft leichter, unsere Freuden aufzugeben, als unseren Schmerz zu opfern. Es ist einfacher, auf unser

Sexualleben oder auf den Eisbecher mit Früchten oder auf freundliches Schulterklopfen zu verzichten, als unseren Schmerz, unsere Angst, unsere Unsicherheit loszulassen. Wir identifizieren uns mit diesen Fixierungen, halten unbeirrt an ihnen fest.

Die nordamerikanischen Indianer bauten sich einen kleinen, runden Wigwam, den sie als eine Art Schwitz-Zelle benutzten. Darin kauerten sich die Teilnehmer unter der niederen Decke eng zusammen, um sich einem unerträglich heißen Dampf auszusetzen. Oft krümmten sie sich förmlich unter der Glut dieser Hitze, aber da sie an ihr Gelübde gebunden waren, nicht aufzugeben, bestand die einzige Alternative zum Verrücktwerden darin, einfach loszulassen. Sie dachten nicht darüber nach, ob es möglich sei, diese Tortur zu ertragen. In diesem Falle hätten sie die Prozedur wohl nicht überstanden. Statt dessen überwanden sie ihren Widerstand, indem sie direkt in die Erfahrung des Augenblicks eindrangen und in das reine Empfinden eintauchten. Sie setzten ihre Qual und ihren Widerstand dazu ein, ihre Grenzen zu durchstoßen, aber sie vollzogen dies auf eine Weise, die nicht noch mehr Ego hervorbrachte. Sie waren gezwungen, über alles hinauszugehen, wofür sie sich bislang gehalten hatten. Sie mußten sich dieser Erfahrung jenseits ihrer selbst total öffnen.

Während wir den Widerstand loslassen, dringen wir in die direkte Erfahrung der Störung vor, und ihr Potential der Lästigkeit, des Mißbehagens, löst sich in der klaren Sicht dieses Prozesses auf.

Wenn wir über die Verhaftung an Freude und Leid hinausgehen und unseren tief eingeprägten Reaktionen bewußt gegenübertreten anstatt sie zwanghaft auszuagieren, dann empfinden wir ein tieferes Glück. Wir erleben die Weite von Herz und Geist, eine Ahnung der Erfüllung im Jetzt.

Karma

Buddha sagte, daß die Wurzel allen Karmas im Willen, in der Motivation, in der Absicht läge, die hinter einer Handlung steht. Was wir im allgemeinen Karma nennen, ist das Resultat zurückliegender Vorgänge. Es ist die Wirkung einer vorausgehenden Ursache, ein geradezu mechanischer und unpersönlicher Prozeß. „Dies entsteht, jenes wird" - so definierte Buddha das Karma.

Worin besteht mein Karma? Ist es mein Karma, daß ich gesund bin? Daß ich reich bin? Daß ich krank bin? Daß ich mißgestaltet bin? Daß ich verrückt bin? Daß ich nicht verrückt bin? Daß ich Erfolg habe? Viele Fragen ranken sich um unser Karma, und möglicherweise übersehen wir auch, daß es sich nicht außerhalb unser selbst vollzieht. Es ist weder Glück noch Zufall, sondern das perfekte Ergebnis einer vorausgehenden „Vorgabe".

Wir müssen keinen Astrologen oder Handleser aufsuchen, um Aufschluß über unser Karma zu erhalten. Unsere Gedanken sind unser Karma. Unsere Vorlieben und Abneigungen zeigen unser Karma deutlich auf. Hunderte von Neigungen und Aversionen, tausende von Meinungen und zehntausende von Konzepten unserer Sicht der Dinge haben sich aus früheren Erfahrungen geformt. All diese Tendenzen treiben uns von Handlung zu Handlung und erzeugen neues Karma, weitere Ursachen künftiger Wirkungen.

Auf die im Geist erscheinenden Inhalte haben wir nur wenig Einfluß. Sie sind durch frühere Geschehnisse karmisch konditioniert. Am Erscheinen eines mentalen Objektes können wir nichts ändern, wohl aber an der Art und Weise, wie wir darauf ansprechen. Diese Reaktion erschafft den nächsten Augenblick und legt die Art unserer weiteren Beziehung zu jenem Objekt fest.

Je eher wir auftauchende Stimmungen und Gedanken bemerken und als karmische Früchte der Vergangenheit erkennen, desto leichter können wir uns von ihnen lösen. Wir müssen diese Zustände keineswegs durch Reaktionen verstärken und uns, um Trungpa Rinpoche zu zitieren, „im Negativen negativ" verhalten. Wenn negative, unzuträgliche Zustände auftauchen, dann schlage nicht mit dem Hammer auf sie ein. Ärgere Dich nicht über Deinen Ärger, denn das erschafft nur weiteres Karma. Wir können lernen, unsere Konditionierung durch geschicktes Reagieren teilnahmsvoll anzuerkennen und ihrem Sog wieder und wieder auszuweichen. So lernen wir allmählich zu verstehen, daß uns Ärger, Eifersucht, Egoismus oder Habgier noch oft verfolgen werden. Daß wir vorschnell dazu tendieren, bei einem Ausbleiben dieser Zustände zu denken: „Aha, darüber bin ich also endlich hinaus!" Und daß unsere Gier nach diesem „darüber hinaus" schon wieder den nächsten Geisteszustand hervorbringt. Wir sehen ein, daß uns wirklich nur der Weg des Loslassens bleibt.

Im Verlauf des Lebens liegen bestimmte Dinge karmisch fest. Zum Beispiel knüpfen sich an jedes mentale Objekt karmisch konditionierte Gefühle der Sympathie oder Ablehnung, manchmal auch der Gleichgültigkeit. Normalerweise fühlen wir uns von einem Erlebnis entweder angezogen oder abgestoßen. Mit jedem Sinneseindruck, mit jedem Gedanken verbindet sich eine subtile, karmisch bestimmte Tendenz, sich einem mentalen Objekt entweder zuzuwenden oder ihm auszuweichen.

Das Leben in einem Körper bedingt die Sinne; die Sinne bedingen den sinnlichen Kontakt; der Kontakt bedingt die Wahrnehmung; die Wahrnehmung bedingt das Erkennen, welches wiederum das Entstehen von Gefühlen, Vorlieben und Abneigungen wie auch die subtile, emotionale Reaktion auf das Wahrgenommene konditioniert. Dies alles sind unvermeidliche karmische Gegebenheiten. Doch aus solchen Vorlieben und Abneigungen entspringt auch jenes heftige Verlangen, das mit jeder Verklammerung ein weiteres Glied der karmischen Kette schmiedet. Wenn Dich Deine Konditionierung gegen etwas einnimmt, entsteht das Verlangen, es abzuwehren - im umgekehrten Fall bildet sich das Verlangen, es an Dich zu ziehen. Das Verlangen konditioniert den Drang, etwas zu tun - den Willen, der zur Handlung führt. Nur das nicht-reagierende, klare Erkennen jener Gefühle von Vorliebe und Abneigung vermag diese karmische Kette zu unterbrechen.

Wenn wir das automatische Interesse des Geistes an seinen eigenen Inhalten erfassen, können wir die mechanische Konsequenz weiterer, karmabildender Aktionen in klarer Bewußtheit des Prozesses entkonditionieren. Neigung und Abneigung sind Ergebnisse früherer Neigungen und Abneigungen, die gewachsenen Früchte früherer Vorlieben, und sie reproduzieren sich immer wieder von neuem. Wenn aber das Gewahrsein die erwachenden Gefühle, die auf die Erscheinungen bezogenen Vorlieben und Abneigungen durchdringt, wird der karmische Sog fortgesetzter Aktion an eben jenem Punkt gebremst, wo das Verlangen den Willen zur Handlung drängt. Tiefe Einsicht in diese Seinsebene läßt sowohl die Früchte alten Karmas erkennen als auch jedes Bedürfnis schwinden, an ihnen festzuhalten, sie zwanghaft auszuagieren und immer wieder aufkeimen zu lassen.

So begreifen wir, daß das Karma den Hintergrund all unserer Vorlieben und Aversionen bildet. Schritt für Schritt gelangen wir dahin, unsere Neigungen und Abneigungen in voller Klarheit zu betrachten. Vielleicht empfinden wir dies selbst dann als angenehm, wenn der betreffende Inhalt unangenehm ist. Je höher der Grad der Bewußtheit, desto geringer das Maß der Verklammerung. Es ist eine Art psychologischer Physik. Machtvolle Bewußtheit bedeutet schwache Verhaftung. Und wenn die Verhaftung schwächer wird, bleibt dem Willen zu nachteiligen Aktionen nur noch wenig Entfaltungskraft.

Weil das Karma auf dem Willensakt, auf der Absicht basiert, liegt es auf der Hand, daß unsere eventuelle Absicht, anderen Schaden zuzufügen, uns darauf bedacht sein läßt, eigenem Schaden zu entgehen. Wir laden uns paranoide Gedanken auf. Dies muß nicht unbedingt bedeuten, daß uns jemand an der nächsten Straßenecke ein Bein stellt. Wir bringen uns selbst zu Fall. Wir müssen unser Karma nicht irgendwo suchen. Wir selbst sind unser Karma.

Erst ein subtiles Gewahrsein kann hintergründige Absichten wahrnehmen. Wie schon gesagt, kratzen wir uns normalerweise, ohne zu merken, daß es uns juckt. Doch sobald wir schon die Absicht zum Kratzen bemerken, wird uns auch der vorausgehende Juckreiz nicht entgehen. Der Vorteil dabei liegt darin, daß wir jetzt die Wahl haben - die Wahl, uns zu kratzen oder nicht. Wenn es dann einmal kein Juckreiz ist, sondern das Bedürfnis zu einer Handlung, die anderen oder uns selbst schadet, können wir uns entscheiden, sie in die Tat umzusetzen oder von ihr abzulassen. Klare Einsicht in diese mentale Ebene ändert unsere Beziehung zu unserer Konditionierung, zu unserem Karma. Der Spielraum unseres Verhaltens erweitert sich.

Die Bewußtwerdung negativen Handelns bewahrt uns zunehmend davor, weiterhin in solche Aktionen hineinzustolpern. Wenn wir beispielsweise nicht die Wahrheit sagen und uns dabei unserer Lüge wenigstens bewußt sind, kommen wir der Aufdeckung des Grundes für diese Lüge schon ein Stück näher. Lügen wir, ohne uns dessen bewußt zu sein, bleibt uns jede Einsicht in die ursächliche Motivation verschlossen. Die Auflösung des karmischen Knotens rückt in noch weitere Ferne. Bewußtheit entwickeln bedeutet nicht nur, unsere Verstrickung in eine bestimmte Handlung zu erkennen, sondern auch, der Intention gewahr zu sein, die den Impuls zu dieser Handlung gab.

Diese Motivationen sind jedoch kaum dazu geeignet, ihnen nachzugrübeln. Entweder durchschauen wir sie unmittelbar im Jetzt, oder wir tun es nicht. Es ist nicht die nachgeschobene, rationale Analyse, die uns die karmischen Wurzeln des Augenblicks erkennen läßt. Wir beobachten einfach unseren Geist, und wenn wir sie wahrnehmen, dann nehmen wir sie eben wahr. Andernfalls registrieren wir einfach, was weiter geschieht. Ist uns das Ergründen einer bestimmten Motivation, die Klärung einer dauerhaft leidvollen psychischen Struktur sehr wichtig, sollten wir sie kontemplativ erforschen. Doch wir sollten uns nicht im Kreisen der Gedanken um die Frage „Warum habe ich das gemacht?" verlieren, denn so läßt sich keine Präsenz im Prozeß des Augenblicks erreichen, in dem sich das Karma entfaltet. Es zeigt sich, daß auch solche Fragestellungen nichts weiter als ein Augenblick geistiger Anspannung sind.

Ein gutes Beispiel dafür, unseren Weg nicht durch motivationsorientierte Analyse zu verlieren, ist der Vorgang des Gebens. Mitunter wird mir in entsprechenden Situationen nur allzu deutlich bewußt, daß ich etwas gebe, und ich spüre, daß mein Geschenk nicht von absoluter Lauterkeit geprägt ist. Ich fühle ein gewisses Selbstbewußtsein in der Rolle des Gebenden: „Ah, das ist aber gut, was ich da mache." Doch würde ich nun jedes Mal so lange warten, bis höchste Lauterkeit und völlige Nichtverhaftung eingetreten ist, dann würde wohl nie jemand etwas von mir erhalten. Wir sollten akzeptieren, daß es Motivationen gibt, die keineswegs reiner Selbstlosigkeit entspringen und dennoch zur Entwicklung tiefer Aufrichtigkeit beitragen können. Wir sollten auf die Bewertung unserer Intentionen verzichten und die hinter der Handlung stehende Energie einfach anerkennen. Die Einsicht in unsere Beweggründe läßt uns oft die Wahl, eine Handlung vorzunehmen oder zu unterlassen, selbst wenn der karmische Sog manchmal so stark ist, daß wir uns trotz unserer Einsicht wieder im Handeln verlieren. Das ist in Ordnung. Je tiefer die Bewußtheit, desto tiefer auch die Läuterung. Je tiefer die Bewußtheit, desto elementarer die Fähigkeit des Loslassens, desto größer die Freigebigkeit.

Wir leben in einer Gesellschaft, die so psychologielastig ist, daß uns die Frage „Warum habe ich dies und das und jenes gemacht?" fast wie ein Klotz am Bein hängt. Mag die Psychologie auch eine wirkungsvolle, klärende Funktion besitzen, sie kann wie jede andere Methode zu einer Falle werden. Und in diese Falle sind in unserer westlichen Welt nicht wenige getappt. Doch je öfter wir uns vom Herzen leiten lassen, von diesem tiefgründigen, intuitiven Raum, desto seltener vermag uns der Wirbel des Geistes zu stören. Je umfassender das Gewahrsein ist, aus dem wir handeln, je mehr Herz wir in unser Tun legen, desto größer ist auch das aus unserer Selbstbejahung erwachsende Vertrauen in unser Tun.

Als ich im Soledad-Gefängnis Unterricht gab, wurde ich mit vielen Fragen zum Thema Karma konfrontiert. Oft wollten die Insassen wissen, ob es ihr „Karma" sei, im Gefängnis zu stecken, oder weshalb sie wegen eines leichten Vergehens inhaftiert seien, während sie doch weit schlimmere Delikte verübt hätten. Warum hatte man sie nicht wegen einer dieser schweren Straftaten eingesperrt? Wer sich zu unrecht verurteilt fühlte, fragte sich, ob er wohl in einem früheren Leben etwas „Schlechtes" getan habe. Was setzte den ersten karmischen Akt in Bewegung, der ihn bis an diesen Punkt gebracht hatte? Buddha sagte, daß die Frage nach den Ursprüngen des Karma unwägbar sei und einen ihr nachhängenden Geist zerrütten müsse. Bestimmte Ereignisse widerfahren uns als natürliche Auswirkung früheren Tuns. Und manchmal läßt sich die Spur unserer Handlungen nicht zurückverfolgen. So ist es ratsam, sich nicht in einem analytischen Labyrinth zu verlieren oder in der quälenden Suche nach einem Wissen zu verstricken, das offenbar jenseits unserer Reichweite liegt. Wenn wir uns mit den hier und jetzt zur Reife kommenden Ergebnissen beschäftigen, indem wir uns sinnvollen und naheliegenden Antworten auf die geistigen Inhalte zuwenden, reicht das für ein selbstbewußtes Handeln völlig aus.

Mag uns auch zuweilen Angenehmes und zu anderen Zeiten Schmerzhaftes begegnen - perfekt ist es immer. Wenn Konzentration und Gewahrsein einmal völlig im Gleichgewicht sind, läßt sich die Perfektion des karmischen Prozesses erfahren, und es wird klar, daß die Umstände, mögen sie auch manchmal unbegreiflich erscheinen, nur so und nicht anders sein können. Wir können lernen, der Perfektion dieser Entfaltung zu vertrauen, auch wenn es uns gelegentlich sehr schwer fällt.

„Wie kann ich dieses Problem nur lösen?" Manche unserer karmischen Knoten sitzen so fest, daß wir jedesmal reagieren, wenn sie zum Vorschein kommen. Zu anderen Zeiten schwächt sich ihr Einfluß ab, und wir denken: „Ah, darüber bin ich wohl hinaus." Und doch stecken wir bei nächster Gelegenheit doppelt so fest in dieser Klemme. Die Dinge entwickeln sich aber auf ihre notwendige Weise, und trotz aller Schwierigkeiten bieten sie uns jederzeit die ideale Möglichkeit, in diesem Moment an uns selbst zu arbeiten.

Wenn buddhistische Lehrer vom „Nicht-Handeln" sprechen, wollen sie uns nicht empfehlen, nach einer Hängematte auf einer einsamen Insel Ausschau zu halten. Nichthandeln ist nicht dasselbe wie Nichtstun. Nichthandeln bedeutet, den selbstorientierten Willen von der karmischen Aktionskette abzukoppeln. Nichthandeln heißt, ohne „Ich"-Gefühl zu handeln - angemessen, doch ohne Verhaftung zu handeln. Nichthandeln heißt, das in diesem

Augenblick Richtige zu tun. Handeln ist der begehrliche Wunsch nach Befriedigung, das Zielen auf ein Resultat, welches Sehnsüchte zu stillen verspricht. Nichthandeln bedeutet, ohne jedes Eingreifen für alles Geschehen präsent zu sein.

Wenn unser Weg durch die Welt unter dem Zeichen zwanghaften, selbstorientierten Handelns steht, ruft unsere reaktive Haltung nur blindes Sicherheitsstreben hervor. Läuft unser Weg hingegen auf harmonisches Nichthandeln hinaus, führt unsere losgelöste Haltung zu weiträumiger Entspannung. Unser Tun wird achtsam sein und mehr Bewußtheit ins Leben rufen.

> Alles, was wir sind, ist das Resultat unserer früheren Gedanken: es gründet auf unseren Gedanken, es setzt sich zusammen aus unseren Gedanken.
> Denkt oder handelt ein Mensch mit selbstlosem Sinn, folgt ihm die Freude wie ein Schatten, der ihn nie verläßt.
>
> Buddha nach der Überlieferung des *Dhammapada*

Ein Gefühl für das Absurde

Manchmal nehmen wir unsere Meditation entsetzlich ernst. Wir betrachten sie aus der Sicht „meiner“ Entwicklung und sind kurzsichtig gegenüber der zunehmenden Kraft des Gewahrseins und der Entwicklung, die sich im gesamten Universum vollzieht. Wir verlieren die Wonne unseres Wachsens aus den Augen. Doch die Fähigkeit, durch Verstehen immer mehr zu wachsen, schafft eine innere Leichtigkeit, die uns über all unser ichbezogenes Streben nach einer Überwindung des imaginären Selbst hinausblicken läßt.

Wenn wir „hart an uns arbeiten“, stoßen wir manchmal unsere Unbeschwertheit beiseite, unsere Freude darüber, überhaupt auf dem Weg zu sein. Das Gefühl für unsere Absurdität, unseren Widersinn, das die Ernsthaftigkeit unserer Praxis doch ideal ausgleichen könnte, geht uns verloren. Wenn wir diese Offenheit für den kosmischen Humor in allen Dingen nicht bewahren, verlieren wir den Durchblick. Wir gleichen dem Hahn, der den allmorgendlichen Sonnenaufgang auf sein lautes Krähen zurückführt. Wir meinen, daß „ich“ es bin, der „das Ego“ bezwingt, statt den Prozeß universaler Heimkehr zu würdigen. In dem Melodram unserer mühevollen Jagd nach Befreiung kann ein ausgeglichenes, gut entwickeltes Gefühl für das Absurde für den Geist sehr hilfreich sein. Es heißt ja sogar, daß die Engel nur deshalb fliegen können, weil sie sich selbst so leicht nehmen. Es bekommt uns sicherlich nicht schlecht, wenn auch wir ein wenig an unsere Aerodynamik denken.

Der Sinn für Humor, der sich bei einer tieferen Einsicht in unsere mißliche Lage entwickelt, ist häufig ein Schlüsselelement der Fähigkeit des Loslassens. Wenn Don Juan von „kontrollierter Torheit“ spricht, bringt er auf seine Weise jenen Sinn für das Absurde zum Ausdruck, der bereits das Wunder achtet, aus dem heraus wir uns hier zu gemeinsamer Arbeit zusammengefunden haben.

Hieraus ergibt sich ein sehr ausgewogenes Bewußtsein. Wir tun, was wir tun, wohl wissend, daß der weitere Ablauf der Dinge jenseits unserer Kontrolle liegt. Wir streben nicht nach irgendwelchen Resultaten, die vom natürlichen Ergebnis unseres Tuns abweichen - um tanzen zu können, wenn es ums Tanzen geht, um meditieren zu können, wenn es Zeit zum Meditieren ist.

Es ist die kosmische Farce, diese ungewohnte Neuheit, die uns immer wieder zur Besinnung bringt. Es ist das tiefgründige, herzhafte Gelächter einer losgelösten Bewußtheit, die unser Bemühen verfolgt, den Kosmos mit dem rationalen Geist zu enträtseln - fast so, als würde der Schwanz versuchen, mit dem Hund zu wedeln. Angesichts vermeintlich unvereinbarer Wahrheiten heiteren Sinnes zu bleiben und ihren Fluß nicht kontrollieren zu wollen, bewahrt uns die Achtung vor der natürlichen Entfaltung des Lebens.

Unbeirrt setzen wir unsere Praxis, unsere Erforschung scheinbarer Wirklichkeiten fort, auch wenn sie uns immer wieder paradox erscheint. Wir wissen, daß immer nur einen Atemzug auf den anderen folgen kann und alles weitere sich von selbst ergibt. Natürlich läßt die Erfahrung, mühelose und absichtslose Bewußtheit über den Weg großer Bemühung und gezielter Entscheidung zu erreichen, zunächst das Gefühl einer gewissen Verwirrung in uns aufkommen. Wenn wir über die Grenzen dessen hinausfließen, was wir zeitweise für kompletten Unsinn hielten, durchquert der Gedanke „Bin ich etwa schon schizophren?!“ einen Geist, der sich mit seinen Inhalten nicht identifiziert, sondern einfach registriert: „Denken, denken“. „Mensch, was ist denn nun wirklich?!“ - „Denken, denken.“ Keines unserer Selbstbilder hat Bestand, keines überdauert eine einzige Millisekunde - und doch sind wir irgendwie präsent. Und während der Verstand verzweifelt nach einem Rückhalt sucht, macht sich das Herz nicht die geringsten Sorgen. Der perfekte Widersinn dieser ganzen Situation sollte uns signalisieren, daß wir auf der richtigen Fährte sind. Und so gleicht unser weltlicher Status letztlich dem des Nasrudin, jener Figur, um die sich die Lehren der Sufis ranken. Dieser Nasrudin betritt eine Bank, um einen Scheck einzulösen. Der Kassierer wirft einen flüchtigen Blick darauf und fragt: „Können Sie sich identifizieren?“ Nasrudin zieht einen kleinen Spiegel aus der Manteltasche, blickt hinein und sagt: „Ja, ja, ich bin's!“

Eine geleitete Meditation über die Energie im Körper

(Man kann sie still in sich aufnehmen oder einem Partner vorlesen.)

Richte die Aufmerksamkeit auf den Scheitelpunkt des Kopfes. Spüre die Empfindungen, die sich ganz von allein an dieser Stelle bemerkbar machen, die zur Zeit unserer Geburt ganz weich war.

Fühle die Energie des Lebens am höchsten Punkt des Schädeldaches.

Fühle die Ausbreitung der körperlichen Empfindungen. Greife nicht nach ihnen, sondern laß das Gewahrsein entdecken, was dort schon ist. Fühle das zarte Hirngewebe, das von dieser festen Knochenschale umschlossen wird. Die Stofflichkeit des Gehirns. Materie, erfüllt von Empfindungen. Erfüllt von der Energie des Lebens.

Fühle die Hautschichten, die den Schädel überziehen. Das Fleisch der Wangen und die Haut der Stirn. Das Kinn, die Lippen. Materie voller Empfindungen. Fühle den ganzen Kopf. Seine Härte, seine Kompaktheit. Fühle, wie der Kopf vom Hals getragen wird.

Richte die Aufmerksamkeit auf die Muskeln des Halses - nicht auf den Begriff „Hals“, sondern auf das reale Gefühl. Die lebendige Energie. Fühle den Hals. Die Luftröhre. Empfinde den Atem, der durch die Luftröhre strömt. Spüre das Leben, das den Hals und die Luftröhre durchfließt.

Erfahre die Schultern. Die flachen Schulterknochen, die sich in die großen Gelenkpfannen für die Armknochen ausformen, bedeckt von Muskeln und Haut - sie verströmen Wärme, Festigkeit, körperliche Vibration.

Spüre den Brustkorb und die Rippen.

Den Bauch.

Den gesamten Rücken, die Wirbelsäule und die Schulterblätter. Spüre die Empfindungen, die das Leben von Augenblick zu Augenblick im Rumpf, im ganzen Leib erzeugt. Fühle sein Vibrieren, sein Funkeln.

Fühle die Eingeweide im Innern der Körperhöhle. Den Magen. Die Blase. Fühle die weiche Substanz im Gefäß des Körpers.

Empfinde den Körper als Schwingung, als Wärme und kompakte Struktur.

Auch die Arme - nur Empfindung. Keine Vorstellung, keine Bezeichnung „Arme" - einfach nur das Gefühl körperlicher Lebendigkeit, von den Schultern bis in die Hände hinein. Spüre die pulsierende Aktivität, die sich in den Handflächen und Fingern konzentriert - unendlich feine Vibration. Reine Form, beseelt von reiner Energie.

Fühle die Einwirkung der Schwerkraft auf diese leibliche Form. Die Schwere des Gesäßes auf dem Kissen, das Gefühl von Massivität im Kontakt mit dem Boden.

Öffne Dich den Empfindungen in den Beinen, in den Oberschenkelknochen, die sich in ihre Gelenkpfannen schmiegen. Fühle die Muskeln, das Fleisch und die Knochen bis hinab zu den Fußgelenken. Überall Empfindungen. Alles ist von Empfindung, von Leben erfüllt. Die Fußrücken und die Sohlen. Sensibel und lebendig. Voller Gefühle.

Nimm nun den gesamten Körper in das Feld konzentrierten Gewahrseins auf. Erlaube es den Gefühlen, überall im Körper nach Belieben zu erscheinen: im Kopf oder in den Schultern, in den Armen oder im Rumpf, in den Hüften - im Gesäß, das die Schwerkraft auf das Kissen oder den Boden zieht, in den Beinen, in den Füßen und in den Händen.

Erfahre die Energie, die wir alle miteinander teilen. Erfahre den gemeinsamen Lebensstrom, der im Körper vibriert, der ihn beseelt.

Gewahre das Reservoir der Lebenskraft in diesem Raum.

Öffne Dich Deiner Erfahrung dieser Kraft, wie sie sich auch darstellen mag. Tauche in den weiten Raum der Energie im Innern des Körpers ein. Laß Dich in ihm versinken. Gib Dich dieser Lebenskraft hin. Laß den Körper in den reinen Strom des Lebens tauchen.

Wenn sich die Empfindung der Lebenskraft verändert, dann gleiche Dich dieser Veränderung an. Kein Widerstand, keine Absonderung. Reine Empfindung, reine Form. Kein Körper. Kein Geist. Laß dies alles im unermeßlichen Raum der Lebenskraft zerfließen.

Halte an nichts fest. Nicht am Hören, nicht am Schmecken und nicht am Riechen.

Laß alles, was sich isolieren will - Gedanken, Gefühle, Erwartungen, Verlangen, Bewertungen, Ängste, Ärgernisse, Zweifel - zurückfließen. Erhebe keinen Anspruch darauf. Halte nicht daran fest. Fürchte Dich nicht. Laß einfach nur los. Tauche ein in den Strom, aus dem wir alle bestehen.

Klammere Dich an keinen einzigen Gedanken. All dies gehört zur Energie des Lebens, zum Gewahrsein in der Form. Laß es wieder mit ihr verschmelzen. Binde Dich nicht an diese Worte. Laß sie wieder in den Strom der Lebenskraft zurückkehren. Diesen einen, gemeinsamen Strom. Das reine Leben. Laß alles in ihm entstehen und vergehen. Halte nirgendwo fest.

Laß es einfach *sein* - immer zarter, immer feiner. Tauche völlig ein. Löse Dich darin auf. Halte nichts fest. Gib Dich einfach hin. Gib Deine Besonderheit auf. Verschmelze mit dieser Ganzheit.

Löse Dich vom Geist. Löse Dich vom Körper. Der Atem kommt und geht, dehnt sich ins Nichts aus, kehrt von nirgendwo zurück. Das reine Sein des Augenblicks.

Der Geist kommt und geht. Seifenblasen schweben vorbei. Nichts stockt. Nichts bleibt auch nur eine Millisekunde bestehen. Laß alles los. Verschmelze wieder mit der einen Kraft, mit dem einen Geist, mit dem einen Körper - mit der reinen Energie der Bewußtheit.

Betrachte all dies Entstehen und Vergehen einfach und leicht, wie es aus dem Nichts erscheint und ins Nichts zurückkehrt. Ein Strom im unermeßlichen Raum. Grenzenlose Fülle und absolute Leere. Die unermeßliche Weite reinen Seins.

Nur der Verstand zieht Grenzen.

Wir existieren überall zugleich - in Vollendung, völlig perfekt.

Den Körper öffnen

Gerade die Umgebung, die in unserem Leben die elementarste Rolle spielt, ist uns am wenigsten bewußt - nämlich der Körper. Wenn sich unsere Aufmerksamkeit auf verschiedene Körperregionen richtet, machen sich vielfältige Empfindungen bemerkbar, die eigentlich ständig vorhanden sind, gewöhnlich aber unterhalb der Bewußtseinsschwelle liegen. Die Aufmerksamkeit ruft diese Gefühle also nicht erst hervor, sondern bringt sie lediglich zum Vorschein. Das unablässige Geplapper des Geistes und die ständige Orientierung an der Außenwelt durch die Sinne lenken unser Bewußtsein von der Realität des Körpers ab.

Wenn wir jedoch dessen gewahr werden, was sich in unserem persönlichen Leben und in der Welt vollzieht, erkennen wir auch die Vorgänge innerhalb unseres Körpers deutlicher und entdecken schließlich, daß sich unsere Körper eigentlich gar nicht so sehr vom übrigen Universum unterscheiden. Wir können die universalen Gesetze sowohl in unserem Körper als auch in unserem Geist entdecken.

Wenn sich unsere Wahrnehmung durch immer stärkere Konzentration und zielgerichtete Bewußtheit zunehmend verfeinert, beginnen wir selbst eine der vier „fundamentalen Realitäten" zu entdecken, die Buddha beschrieben hat.

Die erste dieser Realitäten umfaßt die Elemente, aus denen wir bestehen. Zunächst erleben wir das Erd-Element, unsere feste Struktur, die Schwere und Dichte unserer Stofflichkeit. Sie äußert sich im Schweregefühl des Gesäßes auf dem Stuhl oder auf dem Kissen. Im Gefühl unseres Körpergewichtes, in der Schwere der

Arme oder der Steifheit des Halses. Das ist etwas Wirkliches, etwas, das wir konkret empfinden können. Und weil es keine Idee und keine Vorstellung, sondern direkt erfahrbar ist, können wir es als fundamentale Wirklichkeit betrachten.

Das Luft-Element empfinden wir als ein Vibrieren, als Energie. Wir fühlen das Atmen, das Funkeln des Körpers im unablässigen Werden, Bestehen und Vergehen seiner zellularen Struktur. Wir können den Kosmos in uns fühlen, den Welten gleich, die am Firnament ihre Geburten und Tode durchlaufen - die Zellen, wie sie Nahrung erhalten, absterben und durch neue ersetzt werden. Das sind empirische Tatsachen.

Das Wasser-Element steht für den inneren Zusammenhalt. Seine kohäsive Eigenschaft läßt sich in ihrer Subtilität allerdings nicht so direkt erfahren. Sein Wirken läßt sich am trockenen Mehl veranschaulichen, das sich erst unter der Zugabe von Wasser innig miteinander verbindet. Es erlaubt der Masse, Form und Gestalt anzunehmen. Es manifestiert sich im Blut, in der Lymphe und in den Zellflüssigkeiten des Körpers.

An vierter Stelle steht das Feuer-Element, das wir als Hitze- oder Kältegefühl erfahren. Es ruft die Körpertemperatur hervor und ermöglicht uns die Umwandlung der Nährstoffe.

Aus diesen vier Elementen setzt sich alle Materie zusammen. Sie sind jederzeit vorhanden, auch wenn zumeist eines von ihnen über die anderen dominiert. Wir empfinden in uns Kälte, Wärme oder Hitze; doch immer hält das Gefühl der Stofflichkeit, der Massivität an. Der kinästhetische Einfluß des Erdkörpers bleibt bestehen, und immerfort fühlen wir die Vibration des Luft-Elementes im Körper.

Die zweite dieser vier fundamentalen Realitäten ist das Bewußtsein, die Kraft des Wissens, die mit jedem Sinnesobjekt sofort eine Verbindung eingeht und sich im ewig veränderlichen Strom mentaler Eindrücke immer wieder von neuem beobachten läßt.

An dritter Stelle steht die Gruppe mentaler Faktoren, die sich in den Wesenszügen des Zornes, der Liebe, des Hasses, der Konzentration, der Achtsamkeit, des Zweifels, der Freude, der Scham, der Unruhe, des Glaubens, der Tatkraft usw. manifestieren. Sie bestimmen die Beziehung zwischen dem Bewußtsein und seinem Objekt.

Es ist das Wechselspiel dieser physischen und mentalen Realitäten, worauf unsere Erfahrungswelt basiert. Unsere Erfahrung der ersten drei Realitäten, die allesamt von unserer vorangegangenen Lebenspraxis geprägt sind, erschließt den Zugang zur vierten.

Diese vierte Realität ist unabhängig von allem, was früher einmal war. Sie ist ein unkonditionierter Zustand; manche nennen ihn Nirvana. Ganz gleich jedoch, wie man diesen Zustand bezeichnet, seine Realität liegt jenseits dieses Namens. Der Name gehört noch zur Welt der Form, der Zustand indes ist formlos und läßt sich sprachlich nicht erfassen. Auch Worte wie „ewig“ oder „unendlich“ beziehen sich auf ein räumliches und zeitliches Konzept, das in dieser Realität keine Relevanz besitzt.

Aber natürlich existiert nur eine einzige Wirklichkeit, eine einzige Wahrheit, und das ist dieser Augenblick. Wenn wir in unserem Körper leben und dabei des Geschehens im Kraftfeld der Empfindungen gewahr sind, dann haben wir Kontakt mit der fundamentalen Realität des Daseins, so wie sie sich im Jetzt manifestiert.

Wenn sich das Gewahrsein für den Körper öffnet, neigen wir weniger dazu, uns im Kopf zu verlieren, und lassen uns vom Wandel mentaler Bedingungen und Zustände nicht mehr so leicht verwirren. Auf der Ebene körperlicher Empfindung präsent zu sein, erlaubt uns eine weit größere Klarsicht und Erkenntnistiefe im Feld des Gewahrseins. Das ist der ideale Hintergrund - eine nonverbale Bewußtseinsebene, die uns immer offensteht.

Körperliche Empfindungen können sogar in der gleichen Weise genutzt werden wie ein Mantra. Wir können diese Empfindungen so umfassend in unser Leben integrieren, daß wir uns der beseelenden Lebenskraft des Körpers stets bewußt sind. Und alles, was diese Bewußtheit unterbricht, können wir klar als isoliertes Phänomen erkennen.

Endlich wird uns klar, daß Geist und Körper gar nicht so voneinander isoliert, so unterschiedlich sind. Das Feld körperlicher Empfindungen kann förmlich wie eine Wilson'sche Nebelkammer genutzt werden, in der ein feiner Nebel aus Wasserdampf auch die subtilsten kosmischen Partikel nachweist. Obwohl wir diese Elementarteilchen nicht direkt sehen können, verraten sie sich durch die Spuren, die sie hinterlassen. Auf ähnliche Weise können wir auch Gedanken im Körper erspüren. Wir beginnen, Gedanken und Geisteszustände mit unserem gesamten Organismus zu erfahren. Fühlen und Denken werden so zu dicht beieinanderliegenden Aspekten eines einzigen Prozesses. Leider sind viele von uns ihrem Körper gegenüber so unempfindsam geworden, daß ihnen diese Ebene der Bewußtheit, abgesehen von massiven Emotionen wie Angst oder Wut, meist verschlossen bleibt.

Der Körper umschließt den Geist ebenso, wie der Geist den Körper in sich birgt. Heftige Gefühle von Verlust und Schmerz werden in den Geweben des Körpers ebenso registriert wie im Geist. Und in tiefer Gemütsruhe kann der Geist den Körper gleichermaßen von seiner Verklammerung befreien, wie der Körper in tiefer Erdverbundenheit und Hingabe auch die innersten Geheimnisse des Geistes zu erschließen vermag.

So kann der Körper zu einem sehr sensiblen diagnostischen Werkzeug werden. Er signalisiert uns, wie wir ein Ereignis aufnehmen. Er kann sogar die Erfahrungen anderer aufdecken, wenn wir ihre mentalen Signale auf der Gefühlsebene empfangen.

Um eine solche Bewußtheit zu entwickeln, müssen wir die Aufmerksamkeit auf die Ebene sinnlicher Wahrnehmung richten und den ganzen Tag hindurch alle Empfindungen registrieren, die sich aus der Beobachtung von Körperhaltungen herauslesen lassen. Wenn wir uns ganz einfach der jeweiligen körperlichen Posen gewahr sind und bemerken, ob wir unser Gewicht verlagern, ob wir aufstehen oder uns hinsetzen, ob unsere Augen offen oder geschlossen sind, wie wir unsere Hände halten und wie unser Kopf positioniert ist, dann impliziert dies ein sehr nachhaltiges Erwachen und öffnet unserer Erfahrung den direkten Zugang zur augenblicklichen Realität. Es klingt sehr simpel, aber unsere körperliche Wirklichkeit kommt uns täglich wahrscheinlich höchstens ein dutzendmal zu Bewußtsein.

Wenn wir immer tiefer in den Körper, in die Bewußtheit unserer Gefühle eintauchen, werden wir für unserer inneres Echo auf die jeweiligen Umstände so wach, daß wir klar erkennen, was notwendig ist. Im Feedback mit diesem fein abgestimmten Diagnosesystem können wir klare Entscheidungen treffen und alles im Gleichgewicht halten. Indem wir aufmerksam erfühlen und erlauschen, wie wir auf das ansprechen, was uns begegnet, lernen wir, in uns selbst zu lesen. Wir orientieren uns an den subtilen Botschaften und spüren genau, wenn wir in Disharmonie geraten oder vom Kurs abkommen. Ein gutes Beispiel dafür ist das Gefühl während eines freundlichen Gespräches, das in spöttische oder verleumderische Bemerkungen über eine dritte Person abgleitet: Der Bauch spannt sich irgendwie an, ein Druck lastet auf der Brust. Wir fühlen uns nicht wohl, offensichtlich ist eine Disharmonie entstanden.

Wir können darauf hingeleitet werden, klarer in der Welt zu handeln, ehrlicher und offener auf andere zuzugehen, wenn wir auf jenes subtile Echo des Körpers achten - wie er sich bei bestimmten Aktivitäten isoliert oder weitet, wie er sich spannt oder löst. Durch dieses Abstimmen entwickelt sich auf natürlichem Wege eine tiefempfundene, beständige Rechtschaffenheit, ein feines Gespür für die Erfordernisse und Bedingungen, die Harmonie in jedem einzelnen Augenblick ermöglichen. Es ist eine über Regeln und Gebote weit hinausreichende Moral, eine geradlinige Handlungsweise, ein harmonisches Teilhaben am Hier und Jetzt.

Tägliche Praxis

Eine tägliche Meditationspraxis scheint für die Entwicklung von Bewußtseinsklarheit unerläßlich zu sein. Nach dem morgendlichen Aufstehen eine halbe oder ganze Stunde zu meditieren - noch bevor sich das tägliche Rad der Worte und Gedanken in Bewegung setzt - ist ein perfekter Weg, den Tag zu beginnen. Es ist interessant, bei einem solchen Tagesanfang zu beobachten, welche Ebenen der Entspannung sich der bereits genossenen nächtlichen Ruhephase noch anschließen können, wenn sich im Körper subtilste Spannungen lösen. Hier wird deutlich, daß der Geist selbst zur Zeit unserer tiefsten Ruhe tätig ist und seinen Einfluß auf den Körper geltend macht.

Für jemanden, der den Wert täglicher Praxis erkannt hat, ist es oft selbstverständlich, sich sowohl am frühen Morgen als auch abends vor dem Schlafengehen der Meditation zu widmen. Je vertrauter uns diese Praxis wird, desto mehr gewöhnen wir uns daran, das Haus nicht ohne unser morgendliches Sitzen zu verlassen - mit der gleichen Selbstverständlichkeit und Selbstachtung, mit der wir uns die Zähne putzen. Und die abendliche Sitzung erlaubt uns, die Ereignisse des Tages abzuklären und tiefer in die von außen auf unser inneres Wesen wirkenden Einflüsse einzudringen.

Während der Gewöhnung an eine tägliche Praxis kann es vorkommen, daß uns das Sitzen vor Schwierigkeiten stellt. Wir registrieren den Gedanken: „Ich bin jetzt viel zu unruhig zum Meditieren.“ Doch wir gestatten uns nicht, diesem mentalen Vorsatz zum Aufstehen und zur Selbstablenkung nachzugeben. Es ist zweckmäßig, sitzen zu bleiben und das geistige Ringen um Befriedigung und Auslöschung der Ungelegenheit zu beobachten. Also sitzen wir und studieren die Unruhe. Unruhe wird zur Meditation. Das Beobachten innerer Unruhe kann tatsächlich zu einer unglaublich interessanten Meditation führen, denn Unruhe und Langeweile sind unterschiedliche Aspekte derselben geistigen Erregung, die uns immer wieder drängt, aufzustehen und etwas zu *tun* - um ihr Verlangen zu stillen. Wenn uns Unruhe und Langeweile aber nicht mehr zum Handeln zwingen können, wenn wir auch diese Unannehmlichkeiten in die Wandlung einbezogen haben, dann beginnt die Kette zwischen blindem Verlangen und blinder Aktion zu zerfallen. Wir stehen nicht mehr länger dem Gedanken gegenüber: „Warum habe ich das gesagt? Warum hatte ich kein Selbstvertrauen? Wie konnte ich *schon wieder* darauf hereinfallen?"

Wenn wir das Wesen dieser inneren Triebhaftigkeit verstehen wollen, sollten wir uns jeden Tag ein wenig Zeit für unsere Selbsterforschung reservieren. Ich kenne viele, die je nach Gefühl nur wenige Male in der Woche meditieren, das heißt, sie tun es nur, wenn sie in einer bestimmten Verfassung sind, wenn sie nicht von weltlichen Einflüssen abgelenkt sind. So aber erleben sie immer nur ihre geistige Gelassenheit und Ruhe, ihre innere Bereitschaft zur Meditation. Sie lernen nicht jene geistigen Aspekte kennen, die uns die größten Sorgen bereiten, die nach Ablenkung begehren und sich lieber mit anderen Dingen beschäftigen wollen. Sie erleben nicht den Geist, den es nach Befriedigung dürstet, der sich deprimiert oder einsam fühlt, der in ruhelosem Verlangen in den Kühlschrank späht oder auf der Suche nach Zerstreuung in den Fernsehkanälen herumschaltet. Sie erfahren nicht den Geist, der dem Augenblick ausweichen will. Und so erleben sie kaum einmal die mächtige Kraft der Meditation, den Bann der Negativität und des Mißbehagens zu durchbrechen und eine weiträumige Perspektive zu eröffnen, in der wir uns von diesen Abhängigkeiten lösen können.

Wenn wir unseren Tagesablauf planen, mag es uns manchmal schwierig erscheinen, einen Zeitraum für die Meditation offenzuhalten. Solange wir ihren Wert nicht erkennen, lassen wir uns nicht ohne weiteres dazu bewegen, morgens und abends etwas Zeit für die innere Erforschung zu reservieren. Solche

Anwandlungen sind eigentlich ganz normal. Auch im bereits erwähnten Soledad-Gefängnis diskutierten wir in der Gruppe darüber, wie man die Praxis am besten in den Tagesablauf integrieren könne. Einer der Männer sagte, daß er nur morgens zwanzig Minuten für die Meditation erübrigen könne - abends ginge es überhaupt nicht. Als ich ihn nach dem Grund fragte, sagte er, daß ihn seine Arbeit, sein Französischkurs, seine Briefe, seine Gruppentherapie und seine Lieblingssendungen im Fernsehen so in Anspruch nähmen, daß er einfach keine Zeit habe. Da lachten einige und gaben ihm zu verstehen, daß er ja schließlich fünfzehn Jahre zu „brummen" habe und sich über einen Mangel an „Zeit" am allerwenigsten beklagen könne. So zeigte dieser Augenblick recht eindringlich, wie beharrlich der Geist außerhalb seiner selbst nach Befriedigung sucht, wie selten er sich selbst die Chance zu seiner Befreiung gibt.

Wenn wir uns erst einmal an eine tägliche Meditationspraxis gewöhnt haben, wird unser Alltag bald von einer ganz natürlichen Achtsamkeit belebt. Sie erreicht sicherlich nicht die Präsenz, die wir beim Meditieren erzielen, denn unsere alltäglichen Aktivitäten, Gewohnheiten und Ablenkungen stehen dem im Wege. Doch unser mechanisches Reagieren auf die Umwelt wird mehr und mehr vom Licht des Gewahrseins erhellt und entfaltet sich zur Grundlage einer beständigen Praxis - ob wir nun Auto fahren, kochen, auf die Kinder aufpassen, telefonieren oder Tee zubereiten. All unser Tun wird zum Ausgangspunkt einer sich erweiternden Achtsamkeit.

Zuerst entdecken wir, wie vieler Dinge wir uns meist nicht bewußt sind: Selten registrieren wir das Empfinden unserer Hand, die zum Telefonhörer greift, das Gefühl dieser kühlen Plastikoberfläche, die leichte Muskelspannung beim Anheben des Hörers, den Kontakt des Ohres mit der Hörmuschel oder gar unsere Absicht, etwas zu sagen. Wenn sich unsere tägliche Praxis ausdehnt, öffnet sich das Gewahrsein einer weit größeren Zahl von Aktivitäten. Haben wir uns an diese natürliche Achtsamkeit gewöhnt, bemerken wir beispielsweise, daß wir das Erwachen eines Zorngefühls augenblicklich registrieren. Wir erkennen es, bevor es sich in Worten oder Taten äußert oder gar außer Kontrolle gerät. Wir stellen fest, daß wir größeren Stockungen des Flusses automatisch auf den Grund gehen. Je eher wir des Geschehens gewahr werden, desto mehr Assoziationsfreiheit haben wir. Wenn wir uns in einem Gedanken, Gefühl oder Verlangen zu verlieren drohen, verfügen wir über einen Entscheidungsmoment: „Wie oft habe ich das schon gemacht, und jedesmal hat es mir danach leid getan - jetzt stehe ich wieder vor einer solchen Situation. Ich glaube, ich lasse es diesmal und sehe, welches Gefühl dabei entsteht."

Diese umfassende Achtsamkeit ist ein weitgespanntes Abtasten, das durch unseren Entschluß zu tieferer Einsicht in Gang gesetzt wird. Schmerzhafte Geisteshaltungen und Wünsche haben nicht mehr die Macht, ohne weiteres das geistige Regiment an sich zu reißen, wenn wir sie schon früh herannahen sehen. Es kommt nicht so sehr darauf an, was den Geist erfüllt, als vielmehr darauf, wie schnell wir uns dessen gewahr sind und eine achtlose Identifikation fallenlassen. Schon eine einzige Sekunde kann entscheiden, ob wir uns in einem Geisteszustand verlieren oder einen Augenblick später erfreut feststellen: „Aha, so kommt das also - wie interessant, daß es mir gar nicht mehr so viel ausmacht." Und fasziniert beobachten wir, wie sich unserem Gefühl der Unabhängigkeit die Erkenntnis anschließt, daß wir in diesem Augenblick eigentlich nur noch am Stolz über diese Freiheit hängen.

Wenn uns bewußt wird, wie kostbar diese Arbeit an uns selbst ist, läutert sich unsere Beziehung zur Praxis. Es ist durchaus möglich, daß ein aufrichtig motivierter Schüler auch von einem keineswegs unfehlbaren Lehrer eine Menge lernen kann. Ein solcher Schüler, der lauteren Sinnes auf die Beurteilung der scheinbaren Unreinheit seines Lehrers verzichtet und sich statt dessen von den klarsten Elementen der empfangenen Lehren leiten läßt, wird überall Weisheit finden. Es ist tatsächlich die Reinheit, die Selbstlosigkeit und Klarheit der mit der Praxis verknüpften Absicht, die uns die kostbaren Feinheiten einer Lehre erschließt. Das „Geheimnis" geheimer Lehren liegt in unserer Bereitschaft, dem Herzen der Lehre zu lauschen; es ist jene „persönliche Kraft", von der Don Juan spricht.

Eine Geschichte, welche die Bedeutung der inneren Einstellung zur Praxis verdeutlicht, erzählt von einem alten chinesischen

Bauern, dem nach vielen Jahren des Strebens nach tieferer Einsicht schließlich zu Ohren kommt, daß ein Meditationsmeister seine Provinz bereist. Nach Abschluß seiner Frühjahrsaussaat begibt er sich auf einen tagelangen Fußmarsch, um diesen Meister aufzusuchen. Im Zeltlager des Lehrers und seiner Schüler angelangt, bittet er um eine Audienz, die ihm noch am selben Nachmittag gewährt wird. In tiefer Demut tritt er vor den Lehrer und bittet ihn um eine Meditationsübung, durch die er seine Einsicht vertiefen und die Geheimnisse des Lebens um ihn her besser verstehen könne. Der Meister, dem die redliche Motivation dieses Bauern nicht verborgen bleibt, entspricht seiner Bitte und erklärt ihm, daß das Mantra, das er ihm zugedacht habe, aus den Klöstern seines Heimatlandes stamme und seine Kraft in jahrtausendelangem Gebrauch durch die Mönche unter Beweis gestellt habe. Er nimmt ein Stück Pergament und notiert darauf die chinesischen Schriftzeichen für OM MANI PADME HUM. Der Bauer ist unbeschreiblich froh und dankt dem Meister überschwenglich für seine Hilfe. Als er aufbricht, sagt der Meister: „Arbeite jeden Tag mit diesem Mantra und komme nach einem Monat wieder zu mir, damit wir sehen, wie Du zurechtkommst."

Der Bauer kehrt nach Hause zurück, entfaltet sofort das Pergament und fängt an, das Mantra einige Male laut zu lesen, um sich mit ihm vertraut zu machen. Doch weil sich die chinesischen Schriftzeichen für „hum" und für „Kuh" sehr ähnlich sind, mißversteht der Bauer das letzte Wort des Mantras und verinnerlicht es in der Form von „Om Mani Padme *Kuh*, Om Mani Padme *Kuh*, Om Mani Padme *Kuh*."

Unermüdlich ist er bestrebt, das Mantra zu wiederholen und sich zur Praxis zu ermahnen: Wenn er pflügt, pflügt er mit dem Mantra - wenn er sich ausruht, ruht er mit dem Mantra - wenn er Wasser schöpft, schöpft er zum Mantra Wasser. Je mehr er sich dem Mantra hingibt, desto weiter öffnet sich seine Seele und vertieft sich seine Einsicht. Mit jedem neuen Tag nimmt die Klarheit seines Geistes und seine Achtung vor der Kraft dieser Praxis zu, die Wahrheit zu offenbaren. Sein Lebensgefühl weitet sich, und das Verhältnis zu Frau und Kindern ist besser als jemals zuvor. Als die Zeit der Rückkehr zum Meister heranrückt, ist er glücklich wie nie zuvor in seinem Leben. Und selbst auf seiner langen Wanderung zum Lager des Meisters läßt er dem Mantra seinen Lauf: „Om Mani Padme Kuh, Om Mani Padme Kuh."

Als er das Lager erreicht, geht er schnurstracks zum Meister und sagt: „Ich möchte Dir von ganzem Herzen für diese Übung danken. Mein ganzer Tag ist erfüllt von: ‚Om Mani Padme Kuh, Om Mani Padme Kuh...'" Da schnellen die Augenbrauen des Meisters empor, und er ruft: „Was sagst Du da?!! Es heißt doch nicht ‚Om Mani Padme *Kuh*', sondern ‚Om Mani Padme *Hum*'!" Er setzt dem Bauern auseinander, daß dieser das Mantra falsch verstanden habe und es doch lieber so respektieren solle, wie es seit Tausenden von Jahren verwendet werde. Er trägt dem Bauern auf, nach Hause zu gehen und noch einmal neu anzufangen.

Der Bauer entschuldigt sich eifrig und macht sich ein wenig zerknirscht und niedergeschlagen auf den Rückweg. Tagelang versucht er, sich das neue Mantra einzuprägen, aber es will ihm nicht gelingen. Verwirrung und Zweifel plagen ihn immer mehr. Unsicher und deprimiert begibt er sich abermals zum Meister und bittet ihn inständig darum, ihm zu sagen, wie er zu seiner früheren Erfüllung zurückfinden könne. Der Meister lächelt in sich hinein, denn er erkennt, daß es die aufrichtige Absicht dieses Bauern gewesen ist, die dem Mantra seine Kraft gegeben hat. „Für Dich", flüstert er, „bleibt das Mantra ‚Om Mani Padme Kuh, Om Mani Padme Kuh'."

Im Verlauf unserer Praxis wird es immer wieder Zeiten geben, in denen wir einzig auf die Reinheit unserer Absichten bauen können, weil alle Worte ihre Kraft verloren haben. Wenn es so aussieht, als gäbe es kein Weiterkommen und keine Hoffnung mehr, dann sollten wir diesen Zustand schmerzvoller Verwirrung einfach gelassen zur Kenntnis nehmen und wissen, daß wir nicht viel mehr tun können, als uns in stiller Geduld zu üben. Ungeachtet einer geistigen Trübung oder undurchdringlichen Verwirrung für den Augenblick präsent zu sein, bringt uns der eigenen Öffnung in reichem Maße näher. Wir üben uns nun einfach in Mitgefühl und Selbstbejahung und setzen so die Läuterung des Geistes fort.

Bücher wie dieses können letztlich auch nicht mehr bewirken, als uns auf eine fortgesetzte Praxis vorzubereiten. Das Lesen eines Buches über Meditation garantiert uns ebensowenig wie ein Buch über das Schwimmen, daß wir das gegenüberliegende Ufer erreichen werden. Worte sind ebenso oberflächlich wie Gedanken - nur direkte Erfahrung alles augenblicklichen Geschehens bringt uns einem vollen Verständnis der Wahrheit näher. Erst wenn wir uns mit den unserer intuitiven Weisheit entgegenwirkenden Kräften konfrontieren, beginnen unsere Schritte zum Erwachen.

Die Blüte

Wenn wir zu erwachen beginnen, bemerken wir etwas in uns, das sich wie eine Blüte öffnet. Wir beobachten, daß etwas Neues unsere alte Sicht auf die Dinge ersetzt. Und wir entdecken, daß wir uns nicht mehr darauf fixieren, jederzeit zu wissen, wer wir sind. Es ist das Erfahren als solches, worauf es offenbar wirklich ankommt, das Sein selbst, das uns wertvoll erscheint. Indem wir uns von der Beherrschung unserer Erfahrung lösen und sie einfach zur Entfaltung kommen lassen, öffnet sich jene Blüte mehr und mehr, und damit weitet sich auch unser Herz. Wir haben gleichsam das Gefühl, als ginge alles seinen rechten Gang, als kämen die Dinge auf natürliche Weise ins Lot. Manches ist schmerzhaft, manches versetzt uns in Verzückung - doch immer ist es irgendwie perfekt. Und während wir in größere Tiefen vordringen, wird uns bewußt, daß unser inneres Öffnen von der Klarheit unserer Sicht vertieft wird und das betrachtete Objekt nur eine Nebenrolle spielt.

Wir können uns kaum mehr vorstellen, wie wir überhaupt jemals auf das Erleben dieser Vollkommenheit verzichten oder sie einmal aus den Augen verlieren konnten. Könnten wir das einfache, mühelose, natürliche und perfekte Sosein der Dinge jemals wieder vergessen? Eine Erfahrung ist einfach eine Erfahrung. Und wenn wir in jene Blüte hineinschauen und einen Augenblick der Gier, Selbstsucht oder Angst erkennen, dann sehen wir ihn im Kontext dieser Perfektion, dieser Klarheit - als ein weiteres Blütenblatt dieser Blume. Wir sehen, wie natürlich dies alles ist. Unser Egoismus vermittelt uns kein Gefühl der Abgrenzung mehr. Wir sehen, daß wir von Natur aus egoistisch sind, aber wir verurteilen uns nicht mehr selbst. Wir sehen alles so, wie es ist. Perfekt. Es besteht kein Grund, sich deswegen zu isolieren. Voller Einsicht und Selbstvergebung lassen wir los. Es gibt den Egoismus, aber wir sind nicht mit ihm identifiziert. Er ist eine Nichtigkeit unter vielen. Für all dies haben wir in uns Raum.

So sind wir endlich der, der wir immer sein wollten, frei von einem Großteil jener ängstlich behüteten Selbsteinschätzung und Bedürftigkeit, die unser Leben so beschwerlich machte. Aber uns wird auch klar, daß wir selbst dieses „wundervolle Ich" loslassen müssen. Unser neues Wesen ist, wenn auch gesünder, noch immer isoliert. Es gibt noch jenen subtilen „Jemand", der dies alles erfährt und möchte, daß es so weitergeht. Es existiert noch ein Jemand, der nicht völlig verschmolzen, völlig verschwunden ist - etwas, das der Perfektion der Dinge als Betrachter gegenübersteht. An diesem Punkt wird uns bewußt, daß die Blüte vergehen muß, um die Frucht hervorzubringen.

Wir erkennen, daß es jene Blüte lediglich auf einer subtileren mentalen Ebene gibt, daß auch diese Perfektion noch ein Konzept der Wirklichkeit ist und eine feine Abgrenzung bildet, die es „jemandem" erlaubt, sie zu betrachten. Wir sehen ein, daß wir uns von den Blütenblättern lösen müssen, damit sie abfallen und die Frucht zum Vorschein bringen können.

Die Frucht selbst können wir in keiner Weise beschreiben; jeder derartige Versuch wird sich noch auf die Blüte beziehen. Die Frucht liegt außerhalb der Reichweite des Geistes und der Sprache. Der Geist gibt der Blüte Form, aber die Verhaftung an Form und Geist muß der Entfaltung der Frucht, der Offenbarung unseres ursprünglichen Angesichtes weichen.

Diese Frucht, in Wesen wie Christus und Buddha zu voller Reife gekommen, kennt keine Samen, keine Wiedergeburt, keine karmabildenden Verlangen und keinen Durst nach Erfüllung. Sie verdirbt niemals und wartet auf alle, die sich um sie bemühen.

Eine geleitete Meditation über das Sterben

(Man kann sie still in sich aufnehmen oder einem Partner vorlesen.)

Führe Dein Gewahrsein in den Körper hinein. Lenke Deine Aufmerksamkeit auf die Ebene körperlicher Empfindung.

Fühle die Schwere, die Kompaktheit des Kopfes, wie er auf dem Halse ruht. Fühle die Kraft des Halses - seine Dicke, seine Stofflichkeit. Die Flachheit und Festigkeit der Schultern.

Fühle das Gewicht der Arme an den Schultern. Fühle die Dichte von Rumpf und Gliedmaßen. Fühle die Massivität dieses Körpergefäßes.

Erzwinge diese Gefühle nicht. Nimm einfach wahr, was in diesem Körper, den wir bewohnen, in Erscheinung tritt.

Fühle seine kompakte Struktur. Fühle, wie die Schwerkraft ihn zur Erde zieht und Gesäß und Knie an den Boden drückt.

Nimm die Empfindungen wahr, die sich hier und dort in dieser Form bemerkbar machen - die Vielfalt an Reizen und Gefühlen. Sie scheinen von etwas noch Feinerem empfangen zu werden: Von einem Körper der Bewußtheit, der die Empfindungen jenes festen Körpers spürt, in dem das vielfältige Kribbeln und Vibrieren registriert wird. Ein Körper, der viel leichter ist als das schwere, gewichtige Gefäß. Ein Körper aus Licht.

Tritt in diesen Körper der Bewußtheit ein, der Klänge als Hören erlebt. Der das Licht als Sehen erlebt. Der das Leben so erfährt, wie es in jener schweren Form empfunden wird.

Erspüre diesen leichteren Körper innerhalb des schweren

Körpers. Diesen gewichtslosen Körper, der die Empfindungen aus der schweren Form empfängt.

Jeder Atemzug, den der schwere Körper vollzieht, wird in diesem leichteren Körper als Empfindung registriert. Jeder Atemzug, der in den schweren Körper strömt, trägt den leichteren Körper, bewahrt die Balance, welche diesem Körper der Bewußtheit seine Präsenz ermöglicht.

Richte diese Bewußtheit sehr wachsam, sehr besonnen auf den ein- und ausströmenden Atem. Spüre den Kontakt zwischen dem schweren und dem leichteren Körper. Fühle, wie der leichte Körper vom schweren Körper umfangen wird, verbunden und getragen durch jeden einzelnen Atemzug.

Nur Bewußtheit und Empfindung. Die Erfahrung des Lebens im Körper, getragen vom Atem.

Erfahre jeden Atemzug. Erfahre diese feine Balance in jedem einzelnen Augenblick als Empfindung, als reine Bewußtheit.

Schöpfe jeden Atem, als wäre es der letzte.

Erfahre jeden Atemzug so, als würde ihm kein weiterer folgen. Jeder Atem ist der letzte.

Jeder Atemhauch endet, ohne daß ihm ein weiterer folgt - die Verbindung zwischen dem leichten Körper und dem schweren Körper wird durchtrennt. Der letzte Atemzug. Das Ende einer Lebenszeit.

Wie reagiert der Geist auf den ersterbenden Atem, auf das Ende des Lebens? Welche Gedanken knüpfen sich an die Gewißheit, daß der Lebensatem erlischt?

Jeder Atemhauch ist der letzte. Laß ihn los. Klammere Dich nicht an ihn.

Laß jeden Atemzug los. Laß Dich sterben.

Jeder Gedanke zerfließt im Raum. Ein Leben hat sein Ende erreicht. Der letzte Augenblick. Laß los. Laß Dich sterben.

Lege alle Furcht ab. Löse Dich vom Verlangen. Öffne Dich dem Tod. Laß ins Sterben hinein los. Laß Dich sterben. Stirb in diesen Augenblick hinein. Halte nichts fest. Gib dieses Leben einfach auf.

Löse Dich vom Denken. Löse Dich von allen Vorstellungen über Leben und Tod. Gib Dich einfach hin. Laß ganz und gar los - jetzt.

Zögere nicht. Stirb sanft ins Licht hinein. Schwebe frei dahin.

Löse Dich offenen Herzens von allen Dingen, die Dich zurückhalten. Löse Dich von Deinem Namen. Löse Dich von Deinem Körper. Löse Dich von Deinem Verstand. Fließe frei dahin. Ergib Dich dem Tod.

Fürchte Dich nicht. Du brauchst keinen Halt zu suchen. Mit jedem Augenblick wird der leichte Körper jetzt frei. Gehe nun weiter. Gehe sanft in das Licht hinein. Du bist jetzt vom engen Körper befreit - befreit von dieser Inkarnation.

Schwebe frei dahin. Stirb in das Licht hinein.

Gib Dich dem reinen, klaren Glanz Deines wahren Wesens hin. Nichts als Raum. Im Raume schwebender Raum. Löse Dich in ihm auf. Laß los. Laß alles los. Tauche ein in das Licht. Nur Licht im unermeßlichen Raum. Klarer Geist. Offenes Herz. Laß los.

Lege Dein Wissen ab. Lege Dein Nichtwissen ab. Was Dir auch in den Sinn kommt - es ist vergangen. Alle erscheinenden Gedanken sind alte Gedanken. Fließe nun frei von all diesen Dingen dahin. Laß Dich sterben. Reine Bewußtheit. Reines Licht, das sich in seinem eigenen Glanz erlebt. Raum im Raum. Licht im Licht.

Alles ist vergangen. Jenseits allen Vergehens. Kein Innen. Kein Außen. Nur Istheit. Nur Raum. Reine Bewußtheit. Reine Erfahrung. Befreit vom Körper. Befreit vom Verstand. Stirb in den offenen, grenzenlosen Raum Deiner absoluten Reinheit hinein. Tauche in sie ein. Laß Dich in dies reine Licht hineinsterben.

Unermeßlicher Raum. Ohne Grenzen. Überlasse Dich dem Sein. Der Weite und Endlosigkeit. Licht. Reiner Raum.

Beobachte nun, wie jeder Atemzug aus weiter Ferne erscheint. Betrachte ihn, als würde er sich aus den unendlichen Tiefen des Raumes nähern.

Jeder Atemhauch ist der erste. Jedes Einatmen das erste dieses Lebens. Jeder Augenblick völlig neu. Geburt.

Das Bewußtsein erfährt wieder den Körper. Raum im Raum.

Reine Bewußtheit kehrt in die reine Form zurück. Wieder geboren.

Unaufhörlich besteht die Bewußtheit fort, ohne Anfang und Ende. Die Erfahrung des Daseins. Der Atem des Lebens, zurückgekehrt in den Körper.

Sanft belebt jene Leichtheit die schwere Form von neuem, nimmt Geburt an, um ihr Karma zu erfüllen, um zu lernen, was zu lernen ist, um in der Wirklichkeit zu sein.

Kein Tod. Keine Geburt. Kein Leben. Nur Istheit. Im Körper, außerhalb des Körpers. Nur Istheit. Nur Raum. Nur Form. Nur Formlosigkeit. Ungeteilte Erfahrung.

Kein Leben. Kein Tod. Nur jetzt. Nur dies.

Voll erwacht in jeden Augenblick gehen. Jeder so kostbar. Alles ist hier.

Tod des Körpers, Tod des Selbst

Wenn wir den Geist mit konstanter Bewußtheit beobachten, sehen wir, wie sich ein Geisteszustand in Richtung seiner individuellen Tendenz, sozusagen seiner eigenen Persönlichkeit entfaltet, seine eigenen Stimmungen und Gedankenwelten schafft - und wie er sich schließlich wieder auflöst. Und schon einen Sekundenbruchteil später sehen wir einen neuen Geisteszustand in Erscheinung treten. Wir erleben in unserem Bewußtsein, wie der Geist in ständigem Wechsel eine Vielzahl von Inkarnationen durchläuft. Wir erleben Geburt und Tod. Doch wir trauern nicht, wenn ein Geisteszustand endet, denn unsere Erfahrung sagt uns, daß damit ein anderer seinen Anfang nimmt. Natürlich wird uns dieser Prozeß nur selten bewußt. Normalerweise erfahren wir das geistige Geschehen als kontinuierlich und homogen und bemerken nicht, daß es sich um einen Zyklus von Geburt und Tod, von Wiedergeburt und „Wiedertod“ handelt. Was einen mentalen Ablauf mit dem folgenden verbindet, unterscheidet sich im Grunde nicht von der Verbindung zwischen einem Leben und dem nächsten. Es ist derselbe Vorgang. Unbewußte Neigungen erscheinen in der Ausformung eines bestimmten Geisteszustands, lösen sich unter veränderten Bedingungen wieder auf und treten später wiederum in einer neuen mentalen Ausprägung hervor. Nicht anders setzen sich die geistigen Triebkräfte, Ziele, Bestrebungen und Verlangen über unseren Tod hinaus fort, um sich in einem neuen Körper abermals geltend zu machen.

Wenn wir pro Stunde Hunderte von Inkarnationen verfolgen,

erfahren wir Geburt und Tod auf einer sehr tiefen Ebene. Die Wahrnehmung dieser endlosen Kette geistiger Wiedergeburten macht es uns möglich, die Illusion der Materialität zu durchschauen, welche der Angst vor dem Tod, vor der Auslöschung des physischen Körpers Nahrung gibt. Das klare Erkennen der stetigen Wandlung der Geisteszustände verhilft uns zu einer tiefen Einsicht in die Fortdauer des Gewahrseins über die Zeit hinaus, in welcher unser Körper der Bewußtseinsstruktur als gastlicher Aufenthaltsort dient. Dieses innige Verständnis erlaubt es uns, unseren Tod nach Ablauf des Sterbeprozesses überhaupt zu begreifen und uns darüber klar zu sein, daß das Bewußtsein außerhalb des zurückgelassenen Körpers fortbesteht. Je eher wir erkennen, daß wir gestorben sind, desto leichter fällt es uns, durch die karmischen Möglichkeiten zu navigieren, die uns im Zustand nach dem Tod erwarten.

Die Einsicht in die unaufhörlichen Geburten und Tode des Geistes erlaubt uns, über den Tod des vergänglichen Körpers hinauszublicken. Indem wir die relative Natur des Lebens erkennen, den größeren Kontext, der unsere einstigen Selbstbilder umgibt, beginnen wir den Tod des Selbst zu erfahren, das Schwinden der Macht eines Gedankens, sich zu verhaften und in der Identifikation mit dem vorausgehenden Gedanken ein stabiles, isoliertes Selbst zu formen. Wenn wir das Hören nicht mehr als „mein" Hören, das Schmecken nicht mehr als „mein" Schmecken und das Denken nicht mehr als „mein" Denken betrachten, sondern das Denken, Hören, Schmecken und Berühren im selbständigen Erscheinen und Vergehen der Geisteszustände einfach als Produkt früherer Konditionierung registrieren, stirbt unser Konzept einer vom Strom abgetrennten Personalität mehr und mehr ab. Ein Zen-Meister formulierte es so: „Wenn Du nicht hergekommen bist, um zu sterben, dann kannst Du genausogut wieder nach Hause gehen, denn Du bist für die Praxis noch nicht bereit."

Wenn das Ich zu sterben beginnt, dann erleben wir das separate, als Persönlichkeit manifestierte Selbst als das, was uns alle voneinander trennt, was uns von der Wirklichkeit der Dinge, von der Einheit unseres gemeinsamen Wesens entfernt. Dieser große Tod der Trennung und Furcht, der uns immer wieder mit der schmerzhaften Enthüllung unserer fiktiven Selbstbilder konfrontiert, übt einen mächtigen Einfluß auf unser Leben aus. Und stellenweise zeigt sich, daß wir in Wirklichkeit immer das gewesen sind, was wir eigentlich niemals sein wollten. Während sich die Begrenzungen unserer Selbsteinschätzungen mehr und mehr auflösen, können wir aus unserer Isolation heraussterben und unsere Einheit mit allem Dasein erfahren.

Das scheinbare Selbst beginnt zu sterben, wenn es nicht mehr durch die Identifikation mit der Erfahrungswelt gestärkt und erhalten wird - wenn alle Erfahrungen einfach als Strömungen in der Weite des Geistes betrachtet werden. Der Geist erweist sich als der Raum, in dem all diese Dinge geschehen. Es sind die Bedingungen, die Beschränkungen des Geistes. Der Geist offenbart sich als eine unermeßliche, von essentieller Reinheit erfüllte Weite, die alles umfaßt. Alle erscheinenden und verlöschenden Mentalitäten, mit denen wir uns identifizieren, alle persönlichen Rollen, die wir spielen, sind in einer sehr viel weiträumigeren Transparenz enthalten, die in keiner Weise in diesen Tanz verflochten oder mit ihm identifiziert ist. Wir gewinnen eine viel weitere Vorstellung, eine tiefere Erkenntnis dessen, der wir wirklich sind und können umfassender verstehen, in was wir nach dem Aufgeben des Körpers hineinsterben.

Das Beobachten der fluktuierenden Geistesinhalte, des Stromes fortwährender Wandlung, macht uns allmählich den Gesamtprozeß bewußt. Und diese Bewußtheit offenbart uns auch den Bezugsrahmen, in dem sich der Prozeß vollzieht. Was wir einst für wirklich hielten, fällt in sich zusammen. Es erweist sich nicht unbedingt als völlig irreal, ist aber doch nicht auf die Weise real, die wir angenommen hatten. Und auch unsere Sicht auf den Tod wandelt sich grundlegend.

Der Tod des Selbst wird vielleicht von der Furcht begleitet, loszulassen und in eine Leere zu stürzen, die uns ein für allemal verschlingen wird. Wir erkennen nicht, daß diese Leere nichts anderes ist als unser wahres Wesen. Sie ist die Unermeßlichkeit, in der „wir" uns abspielen, die Wahrheit selbst. Und alle Vorstellung von „jemandem", der ins Leere fällt, ist einfach nur eine jener vorübertreibenden Seifenblasen. Wir brauchen nicht mehr zu definieren, wer wir sind, denn in jedem dieser Momente übersteigt unser Sein alle gedanklichen Vorstellungen. Jede Begrenzung unseres Seins durch eine Definition wird überflüssig. Denn wir sind alles. Lediglich die Inhalte dieses unermeßlichen Geistes, in denen wir einmal ein isoliertes Selbst zu erkennen glaubten, setzen unserem Sein Grenzen.

Der Tod des Selbst ist sehr viel schmerzvoller als der Tod des Körpers. Wenn das Selbst stirbt, wird uns alles entrissen, worin wir einen festen Halt zu finden glaubten, womit wir der Natur des ewigen Wandels trotzen wollten. Wir hatten ein imaginäres Selbst konstruiert, das die mentalen Inhalte ständig sortierte und filterte, um bestimmte Geisteszustände zu erhalten. Fällt diese Konstruktion zusammen, wird uns übel und schwindelig. Es ist der Tod aller erlernten Gewißheiten unseres Selbstverständnisses, aller Gedanken und Konzepte, an denen wir so zärtlich hingen oder uns bei der Planung zukünftiger Lebensrollen orientierten. Sie alle erweisen sich als natürliche Phänomene des Lebensstromes, die in der Grenzenlosigkeit entstehen und vergehen.

Wenn wir die essentiell leere, unbeständige Natur all unserer Selbsteinschätzungen erkannt haben, wird uns auch die Oberflächlichkeit des abgesonderten Selbst bewußt. Sobald wir diese träumerische Besonderheit einmal durchschauen, wird uns klar, daß es in Wirklichkeit niemanden gibt, der stirbt. Nur die Illusion dieser Besonderheit nimmt wieder und wieder Geburt an. Alles kann sich nun entfalten. Einsamkeit, Unsicherheit, Furcht, Verlangen erwachen - und auch die Sehnsucht, die uns zu immer neuen Inkarnationen drängt, die Geist auf Geist erzeugt. All dies erweist sich als ständiges Werden und Vergehen. Es ist, wie das Diamant-Sutra sagt, „ein Blitzstrahl aus einer Sommerwolke, eine flackernde Lampe, ein Trugbild und ein Traum."

Der physische Tod kann nun als wunderbare Gelegenheit für das Gewahrsein gewürdigt werden, im Übergang von einem Körper zum anderen die Relativität all unserer Realitätskonzepte zu erkennen und so einen großen Schritt vorwärtszukommen. Denn beim Verlassen eines Körpers werden wir gewahr, daß unsere Identifikation mit diesem Körper und diesem Geist eine beträchtliche Täuschung war, daß das Leben doch ein ganzes Stück anders ist, als wir glaubten. Wir haben nun die Möglichkeit, loszulassen. Und dies ist ein kostbares Geschenk, das bei differenziertem, weisem Gebrauch viele unserer Verlangen, Ängste und Verlassenheitsgefühle zerrinnen läßt. So lösen sich alle Grenzen auf, und nur das Licht bleibt bestehen, das zu sich selbst zurückkehrt.

Ich denke, es ist so, wie Walt Whitman in seinem Gedicht *Lied meiner Seele* sagt:

„Alles schreitet fort und dehnt sich aus, nichts geht zugrunde.
Und Sterben ist so anders als wir immer dachten -
und voller Glück."

Spiritualität in der Welt

Wenn wir tief in jene Stille hineinblicken, die uns die Meditation eröffnet, und wenn wir erkennen, was unaufhörlich geschieht und uns doch so selten bewußt wird, dann geht uns auf, was für ein außergewöhnliches Wunder das Leben ist. Und je mehr uns dieses Wunder zu Bewußtsein kommt, desto deutlicher stellt sich uns vielleicht die Frage, wie diese Einsicht, dieser spirituelle Geist in der Welt manifestiert werden kann.

Das Symbol des Kreuzes bringt diese schwierige Situation meinem Gefühl nach sehr klar zum Ausdruck. In seiner vertikalen Linie kann man die aufwärts strebende Bewußtheit erkennen; in manchen Traditionen wird sie sogar mit der Wirbelsäule verglichen, in der die spirituelle Energie emporsteigt. Die horizontale Linie des Kreuzes gleicht den Armen des Menschen, der zur Offenbarung seiner Vision in die Welt gekommen ist, getragen von der Kraft seiner spirituellen Bewußtheit. Diese Arme sind es, mit denen die innere Weisheit in der äußeren Welt verwirklicht wird, durch welche sich die gemeinsame Arbeit gegenseitiger Hilfe und Fürsorge vollzieht.

Es ist kein Zufall, daß Christus am Schnittpunkt der inneren Welt des erwachenden Geistes und der äußeren Welt menschlicher Bedrängnis gekreuzigt wurde. Das Mitgefühl seines Herzens entströmt dem Brennpunkt des Zusammentreffens dieser beiden Welten. Für viele reflektiert dies sehr deutlich unsere mißliche Lage, denn es herrscht große Verwirrung und Ungewißheit darüber, wie diese wachsende Einsicht, dieses schrittweise Erwachen mit unseren weltlichen Verpflichtungen zum allgemeinen Wohl in Einklang gebracht werden kann.

„Was bedeutet rechter Lebensunterhalt?" Diese Frage steht bei allen, die zu tieferer Bewußtheit erwachen, im Vordergrund. „Wo finde ich eine Tätigkeit, die anderen nützt, die niemandem zum Schaden gereicht und faires Geben und Nehmen ermöglicht? Wie kann ich ohne den Anspruch, einen Chefsessel zu erklimmen oder Karriere zu machen, genügend Geld verdienen, um mich und meine Lieben am Leben zu erhalten und darüber hinaus anderen zu helfen?" Je dringlicher diese Frage wird, desto deutlicher steht uns das Symbol des Kreuzes vor Augen, denn im Bild Christi personifiziert sich sowohl das Dilemma als auch der Weg zu seiner Lösung: Christi Weg zum Erwachen führt über das Herz. Das Lauschen mit dem Herzen läßt uns spüren, was momentan sinnvoll ist.

Mit dem edlen, achtfachen Pfad skizzierte Buddha drei Aspekte der lauteren, weltlichen Arbeit: Rechtes Reden, rechtes Handeln und rechter Lebenswandel. Auf diesen drei Wegen lassen sich Einsicht und Erwachen in der Welt manifestieren. Was heißt das für uns? Nun, wir versuchen, achtsam zu handeln und uns unseres Tuns stets bewußt zu sein. Wir sind uns des Körpers gewahr. Wir beobachten unseren Geist. Wir kennen unsere Taten und unsere Gedanken. Wir achten darauf, was wir sagen. Wir verzichten auf leeres Geschwätz. Wir unterlassen Verleumdungen. Wir sagen die Wahrheit. Wir bemühen uns, niemandem durch unser Tun zu schaden. Wir stehlen nicht und töten nicht. Um unseren Lebensunterhalt zu verdienen, wählen wir uns Tätigkeiten, durch deren Ausübung niemand einen Nachteil erleidet. Der Überlieferung nach empfahl Buddha, nicht den Beruf eines Fallenstellers, Jägers oder Fischers auszuüben und alle Arbeitsplätze zu meiden, die mit der Herstellung von Waffen zusammenhängen oder auf andere Weise Kriege und Konflikte begünstigen.

Doch wir müssen nicht in heiligen Schriften nachschlagen, um die Zeichen des Herzens zu deuten. Wenn wir uns aufmerksam umsehen, zeigt sich nur allzu klar, daß schon genug Leid in der Welt herrscht. Wir wollen nicht in einem Schlachthaus arbeiten, wir wollen kein Scharfrichter sein. Wir wollen Schmerzen lindern und nicht verursachen. Wir erkennen, daß rechter Lebenswandel im Herzen gründet, daß sich die Lösung der Frage nach weltlicher Arbeit an unsere Fähigkeit knüpft, an uns selbst zu arbeiten und uns mit jeder Handlung neue Möglichkeiten der Praxis zu erschließen. Wenn wir dem rechten Lebenswandel innerlich nachforschen, beschränkt sich unsere Meditation nicht mehr auf periodische Sitzungen. Sie umfaßt den ganzen Tag.

Eines der Elemente größerer Wachheit umfaßt zunehmende Güte, Weitherzigkeit und Sanftheit. Mit einer solchen Haltung haben wir es in einer Gesellschaft, die sich kaum an solchen Werten orientiert, recht schwer. Manche werden Krankenschwestern oder Sozialarbeiter, gehen „sozialen Berufen" nach und leisten in vielfältiger Weise Hilfe. Doch ganz gleich, für welchen - auch noch so lauteren - Beruf wir uns entscheiden, immer stellt sich uns von neuem die Frage: „Könnte ich meine Energien nicht noch besser einsetzen? Könnte ich nicht noch gewissenhafter sein und meine Verhaftungen noch weiter vermindern?"

Die Frage nach dem rechten Lebensunterhalt ist nicht einfach eine Frage des Einkommens, sondern der Lebensweise. Der Begriff „Lebensunterhalt" umfaßt weit mehr als unseren Gehaltsscheck. Er umfaßt die Art und Weise, in der wir unsere Spiritualität in jeder denkbaren Hinsicht verwirklichen. Er bedeutet klares Handeln.

Echte Moral entspringt aus dem Herzen, aus dem Gespür für das in diesem Augenblick Richtige. Für rechtes Handeln gibt es kein griffbereites Rezept, das sich in jeder Situation anwenden läßt. So wird in den meisten Diskussionen über rechtes Handeln in irgendeiner Weise auch die Frage des Tötens zur Sprache gebracht. Ist es richtig, niemals zu töten? Was ist, wenn wir Unkraut jäten? Wenn wir Läuse an unserem Körper entdecken? Wenn wir töten, um uns Nahrung zu verschaffen? Was ist mit der Euthanasie? Richtet sich jedes Töten gegen das Licht?

Sicherlich zeigt sich bei aufmerksamer Betrachtung, daß jedes vorsätzliche Töten von aggressiver Energie und unserer Distanzierung von dem, was wir töten, begleitet wird. Ob wir richtig handeln, entscheidet sich jedoch im Gefühl unseres Herzens. Wenn wir dem Herzen zugewandt sind und unseren wirklichen Gefühlen lauschen, verrät uns jeder unserer Gedanken, was angemessen, nützlich und lebensfreundlich und was unheilvoll ist.

Daß es möglich ist, weltlichen Problemen in der Kommunikation mit dem Herzen gerecht zu werden, führt uns das Beispiel einer Freundin vor Augen, die sich zu einer Abtreibung veranlaßt sah. Sie hatte bereits eine Tochter, mit der sie jedoch eine außerordentlich unglückliche Beziehung verband. Viele ihrer Freunde und Bekannten waren der Meinung, daß sie es wohl nicht verkraften würde, ein weiteres Kind in die Welt zu setzen. Auch ihr Psychiater bestärkte sie eilfertig in ihren negativen Erwartungen, was für ihre Entscheidung letztlich den Ausschlag gab. Sie war blind und taub für jegliche Alternative. Sie erzählte mir: „Ich muß diese Abtreibung machen lassen - der Arzt rät mir dazu, der Psychiater auch, und sogar der Vater. Alle sagen, daß ich dieses Kind nicht bekommen darf.“ Also sprachen wir in dem gleichen positiven Bewußtsein über diese Möglichkeit einer Abtreibung, wie wir auch über eine bevorstehende Geburt gesprochen hätten - immer aus dem echten Wunsch heraus, das Beste für dieses Wesen auf seinem Weg zu tun. Wir sprachen darüber, daß sie auch bei einer Abtreibung tiefe Liebe in sich erwecken könne, daß sie ihr Herz für sich selbst öffnen und davor bewahren könne, den hintergründigen Schuldgefühlen zu unterliegen. Sie schenkte sich selbst Verständnis und Wohlwollen und machte diese Situation zur Arbeit an sich selbst, anstatt sich weiteres Leid, Selbstverachtung, Isolation und Bitterkeit aufzubürden. Später sagte sie mir, daß dies eine der mächtigsten und zugleich auch schönsten Erfahrungen ihres Lebens gewesen sei. Es war eine Heilung für sie. Unter diesen Umständen hatte sie das Bestmögliche getan. Sie hatte Liebe in eine Situation gebracht, die sie leicht in einen Strudel der Selbstverachtung und Wut hätte hineinziehen können. Sie näherte sich dem Licht so vollkommen, wie es ihr möglich war.

Wenn wir mit unserem Herzen kommunizieren und unser Tun beobachten, lernen wir von uns selbst. Wir erfahren, wo wir an uns arbeiten müssen. Gewissensappelle wie „mache dies“ und „unterlasse das“ werden überflüssig. Wir entdecken in uns, daß es nicht nur eine einzige Form von Wahrheit gibt. Einzig der Moment ist es, aus dem die Wahrheit kommt und in dem man sie entdecken kann. Wir brauchen keine Wirklichkeit zu schaffen. Es genügt, sich auf die Wirklichkeit einzustimmen.

Wenn wir uns mehr und mehr mit uns selbst, mit unserem

Herzen abstimmen, entdecken wir, daß sich zwischen den Herzen zweier Menschen auch eine lautlose Übertragung abspielt. Das Herz erkennt, wenn jemand in den Worten eine Ausflucht sucht, während sich die wahre Kommunikation vollzieht. Manchmal können Worte das Herz regelrecht blockieren, sofern wir ausschließlich rational auf sie reagieren, statt sie in den Wesensbereich eindringen zu lassen, in dem wir eine innere Einheit mit dem Gesprächspartner empfinden. Wenn wir diese innige, intuitive Verbindung zweier Seelen spüren, zerfließt die Trennlinie zwischen zwei Wesen, und unsere Kommunikation bedarf kaum noch vieler Worte.

Dieser subtile Austausch der Herzen kann eine solche Tiefe erreichen, daß jedes Wort die entstandene Offenheit nur stören würde. Wir erleben dies vielleicht, wenn wir in hohem Maße um jemanden besorgt sind. Ich selbst habe diese Erfahrung sowohl im Kreis meiner Familie und enger Freunde als auch in der Arbeit mit Sterbenden machen können.

Wir entdecken, daß wir an Stelle gesprochener Worte stille Botschaften des Herzens übermitteln können. Anfangs geschieht dies vielleicht, indem wir aufrichtig denken: „Ich weiß eigentlich gar nicht, wie das geht, aber nun gut. Ich versuche, durch mein Herz Liebe und Mitgefühl auf Dich auszustrahlen. Ich will Dich nicht ändern, sondern schenke Dir einfach meine größtmögliche Zuneigung.“ Wenn sich diese subtile Kommunikation entwickelt, kann sie sich auch der Form der Meditation liebevoller Güte annähern. So arbeiten wir unter Umständen mit Gedanken wie: „Ebenso wie ich selbst ohne Leid und offenen Herzens leben möchte, so wünsche ich auch Dir, daß Du zu Deiner Erfüllung und Vollendung findest.“ Selbst Tiere können für solche Botschaften empfänglich sein. Und manchmal werden sie von einer Person so klar empfangen, daß ein Stimmungswechsel bei ihr eintritt und die gesamte Schwingung im Raum verändert wird. Oft können wir auch Dinge durch das Herz übermitteln, deren laute Äußerung uns zu unangenehm, peinlich oder dreist erscheint. Nicht die Worte machen eine Kommunikation aus, sondern die inneren Absichten, der Geisteszustand, die fürsorgliche Einstellung.

Mit dem Herzen können wir unsere wachsende Bewußtheit und unsere Achtung vor dem Wachstum anderer zum Ausdruck bringen. Wir können den spirituellen Geist miteinander teilen. Wir können unsere Fürsorge übermitteln, ohne uns in ihrer Magie zu verlieren. Getragen von einer lauteren Absicht kann sich Herzenswärme in der Welt ausbreiten. So gelangen wir zur Verschmelzung der inneren und äußeren Realitäten, zur Essenz von Mitgefühl und rechtem Handeln.

Wenn wir diese Kommunikation weiter entwickeln, entdecken wir, daß wir die Sprache des Herzens nicht nur besser formulieren, sondern auch besser verstehen lernen. Wir bemerken, daß wir die passende Antwort auf die augenblicklichen Umstände sicherer erspüren können, daß sich die Möglichkeiten unserer Lebensgestaltung zu ordnen und zu klären beginnen. Unser Enthusiasmus findet neue Wege zum Geist der Weisheit. Wo das Herz den Geist und der Geist das Herz erhellt, öffnet sich der rechten Lebensführung eine klare Bahn.

Praktische Arbeit

Als ich mit Elisabeth Kübler-Ross zusammenarbeitete und in ihren Workshops Meditation unterrichtete, bat sie mich, einige ihrer sterbenden Patienten zu besuchen. Dabei wurde mir bald klar, daß die Arbeit mit Sterbenden auch eine Arbeit an sich selbst bedeutet. In dieser Zeit lernte ich eine bemerkenswerte Dominikanernonne namens Schwester Patrice Burns kennen, mit der ich einige Monate auf der Krebsstation eines Krankenhauses in San Franzisko kooperierte. Als ich zum ersten Mal in das Krankenhaus kam, wurde mir bewußt, daß dies der „Prüfstand" für meine Praxis sein würde. Ein Zen-Lehrer drückte es so aus: „In der Stille hat sich Deine Praxis bewährt, aber taugt sie auch für den Lärm?" Und ein anderer Lehrer fragte: „Kannst Du auch in der Hölle Dein offenes Herz bewahren?"

Ich stellte fest, daß ein Krankenhaus wahrscheinlich die denkbar ungünstigste Umgebung für jemanden darstellt, der sich einen wirklich „schönen" Tod gönnen will. Krankenhäuser sind dazu da, Leben zu erhalten - mit dem Tod steht man dort auf Kriegsfuß. Man bringt ihm nicht allzuviel Achtung, nicht sehr viel Mitgefühl entgegen. Viele Ängste kreisen um den Tod. Im Krankenhaus bedeutet der Tod eine Niederlage.

Die meisten schwerstkranken Patienten sagen, daß sie nicht allein sein möchten, wenn der Tod näherrückt. Sie wollen nicht isoliert sein, sondern menschliche Nähe spüren. Doch in vielen Krankenhäusern sind die Schwestern, Pfleger und Ärzte nicht in der Lage, dem sterbenden Patienten entscheidende Hilfestellung zu geben, da ihnen die Möglichkeiten des Umgangs mit dem Sterben und auch die Auseinandersetzung mit ihrem eigenen Tod fremd sind. Studien haben ergeben, daß das Pflegepersonal - nicht etwa vorsätzlich, sondern infolge subtiler psychologischer Mechanismen - auf das Lichtzeichen eines Schwerstkranken langsamer reagiert als auf den Ruf eines Patienten, der erwartungsgemäß „nur ein wenig Hilfe“ braucht. So werden wir gerade in einer Zeit, in der wir uns am meisten nach lebendigem Kontakt sehnen, am ehesten alleingelassen. Nicht gerade ein idealer Ort, um zu sterben.

Mir wurde bewußt, daß die Problematik in einem Krankenhaus die gleiche ist wie bei uns selbst: Unwissenheit. Es fehlt an Einsicht in den Gesamtprozeß. Eigene Ängste und Widerstände verdichten und verkörpern sich in bestimmten Verhaltensmustern und im Ausgrenzen eines uns unbegreiflichen Lebensaspektes: des Sterbens.

Demgegenüber erlebte ich aber auch, daß eine gute Krankenschwester ein regelrechter Segen für ihre Patienten war und eine ganz andere Atmosphäre entstehen ließ. Nur ist „gut“ eigentlich nicht der passende Ausdruck. Ich meine eine Krankenschwester, die dank inniger Verbindung zu ihrer eigenen Menschlichkeit zu echter Fürsorge fähig ist. In vielen Schwesternschulen und bei vielen medizinischen Lehrgängen heißt es immer wieder: „Laß Dich nicht zu sehr auf Deine Patienten ein.“ Dabei ist es gerade diese Qualität der Fürsorge, der Anteilnahme, welche das Wesen einer Heilung ausmacht. Indessen dreht sich das Geschehen in Krankenhäusern und anderen medizinischen Einrichtungen meist vornehmlich darum, die Heilung aus der menschlichen Sphäre, aus der Sphäre der Übermittlung von Energien herauszulösen und dem chemisch-elektrischen Reich der Medikamente und Apparate anzuvertrauen.

Ich machte die Erfahrung, daß es bei unserer allgemein verbreiteten Unwissenheit überaus schwierig ist, echte Fürsorge zu praktizieren. Daß wir uns nur allzu bereitwillig mit unseren konditionierten Einstellungen zum Tod identifizieren und letztlich umso schmerzhafter aus der Bahn geworfen werden, wenn unsere Perspektive vom Leid ins Wanken gerät. Ich kenne nur sehr wenige Leute, die von der Arbeit mit Sterbenden nicht tief betroffen und oft auch erschöpft sind. Solche Arbeit ist äußerst anspruchsvoll. Erst wenn wir zwischen Leben und Tod keine absolute Grenze mehr ziehen und beides als Stufen eines Reifeprozesses, einer Heimkehr, einer Rückkehr zur göttlichen Quelle verstehen - oder wie wir diesen Prozeß auch immer benennen wollen - können wir gegenüber dem Kontext, in den Krankheit und Tod verwoben sind, achtsam bleiben.

Wenn wir dann mit Menschen arbeiten, die Schmerzen leiden, achten wir ihre Schwierigkeiten und Bedrängnisse, ohne jedoch ihren Widerstand gegen den Schmerz zu verstärken - beispielsweise durch die Äußerung, wie schrecklich eine solche Situation doch sei. So etwas würde ihr Leid nur vergrößern. Auch sagen wir nicht: „Nun, Sie haben die Schmerzen einfach infolge Ihrer karmischen Entwicklung." Das ist kein Mitgefühl. Wir lassen nur unseren Verstand sprechen und kommen in der Arbeit an uns selbst nicht weiter, wenn wir eine Geisteshaltung unterstützen, welche Zwiespalt und Abtrennung fördert. Es *ist* zwar ihr Karma, aber dieses Verständnis muß aus der tiefen Erfahrung des Augenblicks kommen - aus dem Herzen, nicht aus dem Kopf. Wir müssen es als *unser* Karma und nicht allein als das Karma jener Person empfinden - nicht als Konzept, sondern als eine fortschreitende Erfahrung, eine Öffnung. Die Öffnung des anderen wie auch unsere eigene sind Bestandteile desselben Prozesses. Unsere Lebens- und Geistesinhalte mögen sich unterscheiden, aber der Prozeß ist absolut derselbe. Die Naturgesetze von Ursache und Wirkung sind identisch mit jenen Gesetzen, die das Verhältnis von Geist und Körper bestimmen. Und diese Gleichheit ist es, die zur Einsicht führt, die uns vor der Verstrickung in diese oder jene Inhalte bewahrt. Tatsächlich ist es auch die Ebene dieser Gleichheit, die eine innere Kommunikation ermöglicht.

Eine solche Gleichheit besteht, wenn ich das Zimmer einer Person betrete, ihre starken Schmerzen förmlich innerlich erfühlen kann und dieses Gefühl gleichzeitig in einer Weiträumigkeit empfinde, die diesen Augenblick absichtslos betrachtet und bereit ist, seinen natürlichen Verlauf zu akzeptieren. Dabei kann es sich um einen seelischen Schmerz wie heftigen Zorn oder tiefe Ängste und Zweifel handeln, und es kann auch Krebs sein, der am Nervensystem frißt. Die Atmosphäre des Zimmers ist von äußerstem

Unbehagen, von extremer Unzufriedenheit mit der Gegenwart beladen. Und ich setze mich zu dieser Person und tauche in diese Gefühle ein. Doch dabei begleitet mich die Einsicht in den Prozeß des Kontextes, in dem wir alle leben. Und indem ich mich dieser Erfahrung so weit wie möglich öffne, überschreite ich sie schließlich und gebe jener Person die Gelegenheit, je nach ihrem Vermögen ebenfalls über ihre Erfahrung hinauszuschreiten. So etwas läßt sich natürlich mit Worten kaum beschreiben. Aber wenn ich so bei jemandem sitze, kann ich mich selbst loslassen und nahezu mit ihm verschmelzen. Ich fühle mich nicht von diesem Menschen getrennt, die räumliche Distanz hindert mich nicht daran, ganz und gar für ihn da zu sein. Das bedeutet, die Rolle des „edlen weißen Ritters" oder des „Käpt'n Karma" aufzugeben, der zur Rettung der Kranken und Sterbenden angetreten ist und geflissentlich übersieht, daß er selbst Krankheit und Tod in sich trägt und von Verhaftung und Unwissenheit durchlöchert ist. Ich bin weise, der andere nicht. Ich bin gesund, der andere ist krank. Das ist Verblendung.

Buddha sagte, daß sich das Schicksal wendet wie ein peitschender Pferdeschweif. Zwei Wesen treffen sich in einem Raum, von ihrem Karma zusammengeführt. Eines steht am Endpunkt und zieht sich aus dem Leben zurück, das andere ist da, weil es sich selbst und dem anderen an keinem anderen Ort besser dienen kann. Beide erwartet Arbeit an sich selbst. Beruhte dieses Treffen auf anderen Beweggründen, wäre die Situation für beide von weit geringerem Nutzen. Was sie tun, mag durchaus das gleiche sein - aber die Präsenz des Todes macht alles viel klarer.

Ich sitze mit einer Person in einem Zimmer, die dem Tod schon sehr nahe ist und Angst empfindet. Auch ich spüre die Furcht vor dem Tod in mir. Indem ich mich jetzt durch diese Angst hindurcharbeite, gebe ich dem anderen auch ohne Worte die Möglichkeit, seine Angst ebenfalls zu durchdringen. Käme ich ins Zimmer und sagte: „Oh, Sie brauchen vor nichts Angst zu haben - der Tod ist nur ein Übergang, und später werden Sie dann wiedergeboren", dann wäre das kaum hilfreich. Auf diese Weise wichen wir der Kraft des Augenblicks aus - dem Leid, das dieses Zimmer, diese Person in ihrem Bett erfüllt, und dem Leid in der Seele dessen, der an diesem Bett sitzt.

Es ist meine Leidensfähigkeit, die Fähigkeit der Erfahrung

meiner eigenen Unzufriedenheit, meines eigenen, daraus folgenden unseligen Karmas, die mich in die Lage versetzt, eine Läuterung und Vollendung zu erreichen. Die Arbeit mit dem Sterben gleicht dem Blick in einen blankpolierten, grellen Spiegel meiner eigenen Realität. Er zeigt mir, welche Ängste mich bewegen, welche Abneigung ich gegen den Schmerz habe. Der konditionierte Widerwille gegen Schmerzen ist sehr mächtig und wird uns stets ein weites Arbeitsfeld bieten. Und der urteilende Geist blickt mir über die Schulter und erzählt mir, wie unfertig ich noch bin, wieviel Arbeit noch auf mich wartet. Dieses Bewußtsein läßt zuweilen ein recht bedrückendes Gefühl entstehen, doch offensichtlich führt an dieser Arbeit kein Weg vorbei. Also behalte ich meine Bewußtheit bei und fühle mich dann wiederum sehr offen und ruhig, sehr teilnahmsvoll und präsent.

Meine Verhaftung an der Erwartung, daß eine Person einen bestimmten Sterbeprozeß zu durchlaufen habe, bringt ihr keinerlei Nutzen und wird lediglich zu meinem eigenen Problem. Ich habe gelernt, daß ich niemanden dazu bewegen kann, meinen eigenen Wunschtod zu sterben. Ich lasse meine persönlichen Probleme draußen vor der Tür, um den Läuterungsprozeß nicht zu trüben. Wenn ich bei jemandem sitze und mich festgefahren habe, dann sage ich einfach: „Ich habe mich festgefahren." Das ist immer noch ehrlicher als vieles andere, was diese Person den Tag über erleben mag. In Krankenhauszimmern wird eine ganze Menge Schauspielerei betrieben. Der Patient im Bett spielt etwas vor, und das gleiche gilt für seine Besucher. Meine Arbeit in diesem Zimmer besteht einfach darin, zu *sein*. Ohne falsches Spiel. Und *sein* heißt Präsenz. Ich muß fähig sein, mich selbst ganz und gar zu akzeptieren - einschließlich jenes Teils meiner selbst, der leidend in jenem Bett liegt. So sind es in Wahrheit zwei Tode, die sich in diesen Augenblicken vollziehen.

Ehrlichkeit bedeutet nicht, daß ich dem anderen meine Wahrheit aufdränge. Es bedeutet, präsent zu sein, wahrhaftig zu sein. Je offener ich gewesen bin, je mehr ich die menschliche Situation, das aus unfreiwilliger Verklammerung und beispielloser Achtlosigkeit erwachsende Leid akzeptieren konnte, desto größer war der Raum, den ich meinem Gegenüber und mir selbst zur Entfaltung offerieren konnte. Damit weitete sich das Mitgefühl für die

Projektionen und Ängste auf beiden Seiten. Ich erkannte, daß Mitgefühl nicht etwa Einmischung heißt. Es bedeutet nicht, jemanden in mein Karma hineinzuziehen. Mitgefühl entspringt, wenn ich das Leid des anderen nachempfinde und in mein eigenes Wesen transzendiere, wenn ich ihm einen weiten Raum zur Verfügung stelle, in dem er wachsen und sogar sterben kann - je nach seinem Ermessen, seinem Vermögen, seiner karmischen Konstellation.

Mir wurde klar, daß sich Mitgefühl nicht darin erschöpft, zu einem Patienten zu sagen: „Oh, Sie sehen aber heute sehr gut aus!" - während er deutlich blasser und magerer geworden ist. Wenn er krank *ist*, lasse ich ihm die Freiheit, krank zu sein. Ich lasse ihn sich selbst akzeptieren. Ich bestärke ihn nicht in seinem Widerwillen gegen die Krankheit, denn sie ist das, womit er arbeiten muß. Sie ist seine Methode.

Des weiteren stellte ich fest, daß die Möglichkeiten des menschlichen Herzens immens unterschätzt werden, daß wir meist glauben, dem anderen nur durch unser Wissen dienen zu können. Dabei können wir gerade mit der intuitiven Einsicht des Geistes auch ohne große „Taten" wertvolle Hilfe leisten. Wir sind für jemanden präsent, weil wir unserer Präsenz keine Schranken setzen. Was heißen soll, daß wir auch das schwere Leiden eines Todkranken akzeptieren und in unser Herz einlassen. Wenn der Schmerz im Raum so gewaltig ist, daß er das Herz fast zerbricht, lassen wir uns mit der Aufgabe jeglicher Wunschvorstellung vom Zusammenfluß von Herz und Geist förmlich absorbieren. Wir finden uns inmitten der offenen, wissenden Seele wieder. Wir sind mit unserem Gegenüber verschmolzen und sprechen mit ihm, als sprächen wir mit uns selbst. Nun wandelt sich auch die bereits erwähnte Technik der Kommunikation mit dem Herzen zu einer Methode des Dialogs mit uns selbst.

Wenn ich mich in solchen Momenten ganz und gar aus der Rolle des „Helfenden" herausgelöst hatte und mit dem anderen zu einer Zweiheit des Sterbens und der Betrachtung zusammengewachsen war, erlebte ich die Heimkehr zu meiner Vollkommenheit, und alle Ermüdung verflog. Mich speiste dieselbe Quelle, dieselbe alles Persönliche unendlich übersteigende Kraft, welche im Strom dieser Verschmelzung auch dem anderen Nahrung gab.

Wenn wir jemanden an diese Quelle geführt haben und den Raum schließlich verlassen, wissen wir kaum noch, wer wir eigentlich sind. Das Bewußtsein hat sich so sehr geweitet, daß wir nur noch Transparenz empfinden. Die Person im Zimmer stirbt, und wir wissen nicht einmal, ob wir ihr helfen konnten. Wir haben unser Möglichstes getan und auch daraus gelernt, aber was wir lernten, wissen wir nicht. Wir wissen nur, daß sich ein Prozeß entfaltet hat - ein Prozeß, der uns unserer Grenzenlosigkeit, unserem Energiepotential ein Stück nähergebracht hat. Es war der Schritt in ein Sein, an das keine unserer Vorstellungen je heranreichte.

Der Kreis

Wir sitzen in einem Kreis. Dies ist von großer Bedeutung, denn in einem Kreis sind alle Punkte absolut gleichwertig.

Der Kreis ist die Grundform der Natur. In der Natur bewegen sich alle Dinge im Kreis. Es gibt den Kreislauf der Jahreszeiten, den Zyklus von Tag und Nacht, von Leben und Tod. Das Licht wandert in die Dunkelheit und wird wieder Licht.

Die Indianer sprechen vom „Großen Ring“, der allen Menschen Schutz gewährte. Als der Ring zerbrach, lebten die Menschen nicht mehr in ihrem natürlichen Kreislauf und verloren ihr „Wissen“, die Verbindung zum Strom. Die indianischen Völker wurden zerstreut und nahezu ausgelöscht.

Auch die Energie scheint sich in Kreisen zu bewegen: Die Planeten laufen auf Kreisbahnen, die Elektronen umkreisen den Atomkern. Wenn wir in den Kreis kommen, treten wir in den Strom ein. Sobald wir uns aber auf den Gedanken „Kreis“ oder „Strom“ fixieren, stellen wir uns dem Kreis entgegen. Wir biegen ihn zu einer Linie auseinander, die einen Anfang und ein Ende hat.

Jeder Augenblick ist ein perfekter Kreis. Das Eindringen in die Totalität des Augenblicks läßt uns erkennen, daß kein Punkt dieses Kreises einen günstigeren Blick auf den Rest des Kreises ermöglicht als irgendein anderer. Wir erkennen, daß jeder Augenblick das perfekte Ergebnis alles Gewesenen ist, die perfekte Vorgabe für alles Kommende.

So wird unsere Meditation zum Eintritt in einen perfekten Kreis, der alles in sich aufnehmen kann. Wir können den Weg niemals verfehlen, weil wir nirgendwohin gehen müssen. Wir kommen unaufhörlich in diesem Augenblick zu Hause an.

Hingabe bewirkt die perfekte Teilhabe an diesem Kreis. Loslassen läßt uns fließen, läßt uns zum ganzen Kreis werden. Verklammerung an irgendeinem Punkt des Kreises bedeutet, unsere Urnatur zu verlieren. Denn es gibt keine feste Position für unseren Anfang oder unser Ende.

Stichwortverzeichnis

Stephen Levine

ISBN 3-933496-17-9

ISBN 3-933496-14-4

ISBN 3-933496-20-9

ISBN 3-933496-11-X

ISBN 3-933496-34-9

ISBN 3-933496-21-7

Stephen Levine ist ein erfolgreicher und weltbekannter Poet und Meditationslehrer. Sein besonderes Engagement inspiriert seit fast 30 Jahren Menschen in besonderen Lebenssituationen. Seine geleiteten Meditationen sind dabei eine wertvolle Unterstützung.
Gemeinsam mit Ram Dass und Elisabeth Kübler-Ross arbeitete er an verschiedenen Sterbe-Projekten maßgeblich mit.
Seine Bestseller gelten als bahnbrechend und haben nachhaltige Beachtung gefunden.

J.Kamphausen

www.weltinnenraum.de

Eckhart Tolle

JETZT!

„Es hat mein Leben wirklich verändert.“ *Cher*

„Es kann Ihr Denken transformieren. Das Ergebnis? Mehr Freude, jetzt.“ *Meg Ryan*

„Wir begreifen auf jeder Seite, dass hier einer jener wenigen wahren Meister zu uns spricht, dass er uns meint, unser Leben, unser Sein. Dabei benutzt er, wie alle großen Meister, eine einfache Sprache. Die tiefsten Wahrheiten sind immer einfach. Nicht simpel – sondern einfach; darin liegt eine Welt des Unterschiedes.“ *Vera F. Birkenbihl*

„Sag immer JA zum gegenwärtigen Moment. Was könnte sinnloser, wahnsinniger sein, als innerer Widerstand gegen etwas, das bereits ist? Was könnte verrückter sein, als dem Leben, das jetzt und immer jetzt ist, Widerstand zu leisten? Gib' dich dem hin, was ist. Sag JA zum Leben – und erkenne, wie das Leben plötzlich für dich arbeitet anstatt gegen dich.“ *Eckhart Tolle*

Wenn wir fähig sind, wirklich gegenwärtig zu sein und jeden Schritt im Jetzt zu tun, dann öffnen wir uns für eine Erfahrung der Wandlung, ein Erfahren der *Kraft der Gegenwart*.

Eckhart Tolle: Jetzt! – Die Kraft der Gegenwart | 240 Seiten | ISBN 3-933496-53-5

J.Kamphausen www.weltinnenraum.de

DIE BÜCHER VON FERRINI

Pflege deine Beziehung
zum Göttlichem auf direktem Wege.
Gehe in die Stille
deines Herzens.

ISBN 3-89901-469-3

ISBN 3-89901-458-8

ISBN 3-89901-446-4

ISBN 3-591-08461-1

„Das wichtigste Buch,
dass ich je gelesen habe.
Ich studiere es wie die Bibel.“
Elisabeth Kübler-Ross

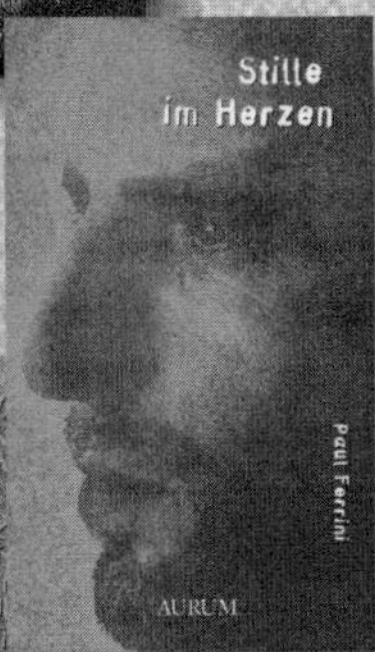

ISBN 3-59108460-3

ISBN 3-591-08468-9

ISBN 3-89901-004-3

AURUM

Ram Dass & Paul Gorman

WIE KANN ICH HELFEN?

Segen und Prüfung mitmenschlicher Zuwendung

Spirituelle Praktik, die sich nicht auch in fordernden Situationen des Alltags bewährt, stellt ein schwaches Fundament dar. In diesem Buch haben Ram Dass und Paul Gorman unzählige faszinierende Geschichten aus aller Welt (zum Teil aus eigener Erfahrung) und allen Lebenslagen gesammelt, in denen Menschen beschreiben, wie sie geholfen haben, wie ihnen geholfen worden ist und mit welchen äußeren und inneren Hindernissen sie sich dabei auseinandersetzen mußten. Fragen wie: „Werde ich damit fertig?!", „Wann habe ich genug gegeben?" und „Was hilft denn wirklich?" werden von den Autoren in einem die Geschichten begleitenden Text interpretiert und kommentiert, bei dem die Praxis der „nicht-beurteilenden Achtsamkeit" im Vordergrund steht.
Ram Dass ist spiritueller Lehrer und Autor zahlreicher Klassiker der meditativen Literatur. Er hat sich verschiedenen Formen der Meditation, darunter besonders der Methode des *Satipatthana Vipassana* unterzogen. Sein Hauptanliegen besteht darin, durch praktische Nächstenliebe spirituelles Wachstum sowohl beim hilfreich Tätigen als auch beim Hilfe Empfangenden zu fördern.
Paul Gorman ist Leiter einer alternativen Radio-Station und Dekan der St. John's Kathedrale in New York. Er widmet seine Fürsorge vor allem den sozial Schwachen dieser Stadt, besonders den Obdachlosen. Zusammen mit Ram Dass veranstaltet er Workshops und Seminare zum Thema „Spiritualität und Soziale Verantwortung".

Kartoniert — 240 Seiten — € 15,90

Ram Dass
mit Stephen Levine

SCHROT FÜR DIE MÜHLE

Vorträge über den Dharma

Der Autor von SEI JETZT HIER, SUBTIL IST DER PFAD DER LIEBE und WIE KANN ICH HELFEN? bietet hier ein noch tieferes Verständnis der Erfahrung des Seins und des Wachstums an, durch die wir entdecken, wer wir wirklich sind. Der Text ist von Ram Dass' Freund Stephen Levine aus vielen öffentlichen Vorträgen zusammengestellt und für die schriftliche Form verfeinert worden, ohne daß ihm dabei die Unmittelbarkeit und Intensität der öffentlichen Rede entzogen wurde.
„Diese Worte werden von Euch aus mir hervorgerufen. Ich identifiziere mich nicht mit ihnen. Dieses Buch ist einfach eine Aufzeichnung von Worten, die zu uns gesprochen werden, die wir zuhören und verlangen, daß sie ausgesprochen werden. Wessen Buch ist es also? Wenn auf einer Violine schöne Musik erklingt, gehst Du dann zur Violine und bedankst Dich bei ihr? Ich bin einfach das Sprachrohr eines Prozesses. Wenn Du dieses Buch liest, dann berührst Du Dein Selbst. Vergiß mich, ich bin eine vergängliche Erscheinung. Du berührst Dich selbst." – Ram Dass

Überarbeitete Neuausgabe, kartoniert — 208 Seiten — € 15,90

Die Titel sind auch portofrei direkt vom Verlag per Postkarte oder Telefon erhältlich (Sendung erfolgt mit Rechnung und Zahlschein). Einen ausführlichen Versandkatalog oder einzelne Prospekte senden wir auf Anfrage gerne zu. Namaste

SADHANA VERLAG & VERSAND
Bundesallee 123, D-12161 Berlin, Tel.: 030/852 74 25